Inhalt,
Über den Autor,
Symbole, Vorwort
Land und Leute
Reise-Infos von A bis Z
Wanderroute
Kleiner Sprachführer
Index

In Gythion

Ano Loussi

Band 221

OutdoorHandbuch

Rolf Roost

Griechenland: E4 Peloponnes

DER WEG IST DAS ZIEL

Griechenland:

Updates Verlagsprogramm Schnäppchen
www.conrad-stein-verlag.de

Alle Informationen, schriftlich und zeichnerisch, wurden nach bestem Wissen zusammengestellt und überprüft. Sie waren korrekt zum Zeitpunkt der Recherche. Eine Garantie für den Inhalt, z.B. die immerwährende Richtigkeit von Preisen, Adressen, Telefon- und Faxnummern sowie Internet-Adressen, Zeit- und sonstigen Angaben, kann naturgemäß von Verlag und Autor - auch im Sinne der Produkthaftung - nicht übernommen werden.

Der Autor und der Verlag sind für Lesertipps und Verbesserungen (besonders als E-Mail) unter Angabe der Auflagen- und Seitennummer dankbar.

Dieses OutdoorHandbuch hat 138 Seiten mit 49 farbigen Abbildungen, 15 farbigen Höhenprofilen sowie 15 farbigen Kartenskizzen und 2 farbigen Übersichtskarten. Es wurde auf chlorfrei gebleichtem Papier gedruckt und der größeren Strapazierfähigkeit wegen mit PUR-Kleber gebunden.

Titelfoto: Wegbegleiter

OutdoorHandbuch aus der Reihe "Der Weg ist das Ziel", Band 221

ISBN 978-3-86686-221-0 1. Auflage 2007

Dieses OutdoorHandbuch wurde konzipiert und redaktionell erstellt vom Conrad Stein Verlag GmbH, Postfach 1233, 59512 Welver, Dorfstr. 3a, 59514 Welver, ☏ 02384/963912, FAX 02384/963913, info@conrad-stein-verlag.de, www.conrad-stein-verlag.de.

Unsere Bücher sind überall im wohl sortierten Buchhandel und in cleveren Outdoorshops in Deutschland, Österreich und der Schweiz erhältlich.
Auslieferung für den Buchhandel:

D Prolit, Fernwald und alle Barsortimente
A freytag & berndt, Wien
CH AVA-buch 2000, Affoltern und Schweizer Buchzentrum
I Mappa Mondo, Brendola
NL Willems Adventure, LT Maasdijk

Text und Fotos: Rolf Roost
Karten: Heide Schwinn
Lektorat: Kerstin Becker
Layout: Manuela Dastig
Gesamtherstellung: AZ Druck und Datentechnik GmbH, Kempten

00129000

Inhalt

Symbole

- Achtung!
- Bahn/Metro
- BANK Bank
- Bus
- Einkaufsmöglichkeit
- Etappenlänge
- Fähre
- geöffnet ...
- Handy
- Homepage
- Hotel, Gästehaus
- Hütte
- Kafenion
- Kloster
- Krankenhaus, Health Center
- Museum
- Post
- Taverne, Restaurant
- Taxi
- Telefon
- Tipp
- Verweis
- Zeitbedarf

Zur Benutzung dieses Buches

Wir, das sind Rainer Riebel aus Koroni und der Autor, Rolf Roost aus Gythion, haben diese Wanderung im Mai 2005 durchgeführt. Wir können dieses "Abenteuer" nur wärmstens empfehlen. Wenn Sie Freude an der Natur, am Wandern, an wunderschönen Begegnungen und am Entdecken eines äußerst reizvollen Fleckchens Erde haben, werden Sie auf allen Etappen auf Ihre Kosten kommen. Auch wenn Sie auf der Suche nach sich selbst sind, werden Sie hier kaum gestört werden. Leute haben wir in den zwei Wochen, in denen wir unterwegs waren, vor allem in den Ortschaften getroffen. Während des Wanderns begegneten uns lediglich Hirten, die sich von ganzem Herzen über eine kleine Abwechslung in ihrem biblischen Dasein freuten.

Wir beide sind um die 50 und haben bereits einige Lebensabenteuer hinter uns. Das Erlebnis, mit Rucksack, Zelt und Schlafsack unterwegs zu sein, haben wir, bis auf ein paar wenige Ausnahmen, abgehakt. Bei dieser Wanderung war nur ein winzig kleiner Schlafsack für Notfälle im Rucksack. Auch sind wir beide nicht **die** überaus trainierten Wanderer … das Training verbesserte sich mit jedem Tag und erst gegen Ende des dritten Tages konnten wir sagen, dass nun alles "wie geschmiert" lief. Von den Qualen und den Schmerzen der vorangegangenen Tage berichte ich nichts; dies ist zu individuell und Sie können Ihre eigene Kondition sicher besser einschätzen, als ich dies auch nur im Ansatz könnte.

Die Tagesetappen sind so angelegt, dass am Abend immer ein Bett, eine wohltuende Dusche, ein wunderbares Essen in einer lauschigen Taverne und ein Glas Wein als Schlummertrunk auf Sie warten. Wer darauf verzichten möchte, kann natürlich überall zwischen den Etappen sein Lager aufschlagen oder auch längere Touren halbieren.

Die jeweiligen Etappen sind lediglich Vorschläge. Übernachtungsmöglichkeiten gibt es allerdings nicht in jedem Ort, durch den Sie kommen. Bei den einzelnen Etappen sind die Orte mit Fremdenzimmern, Pensionen oder

Hotels erwähnt, um eine individuelle Gestaltung der Tagesetappen zu erleichtern. Die Namen und Telefonnummern finden Sie ebenfalls in den jeweiligen Etappenbeschreibungen.

In den größeren Orten gibt es auch eine größere Auswahl an Übernachtungsmöglichkeiten. Ich habe die Angaben auf eine kleine Anzahl reduziert, um Ihnen eine telefonische Buchung zu ermöglichen. Sie können jedoch auch direkt vor Ort Ihren Wünschen entsprechende Unterkünfte suchen. Eine telefonische Reservierung ist vor allem an Ostern, Wochenenden und in der Sommersaison (Juli bis August) vorteilhaft.

Schwierigkeitsgrade für die einzelnen Etappen gebe ich keine an, da auch dies wieder sehr individuell ist. Ich gehe jedoch davon aus, dass Sie wenn Sie sich auf eine zwei- bis dreiwöchige Fernwanderung einlassen, nicht zum ersten Mal zu Fuß unterwegs sind.

Die Wanderung ist auf ihrer ganzen Länge ohne Seil und Haken zu bewerkstelligen, führt über viele traumhafte Ziegenpfade, alte Verbindungswege, Eisenbahnschienen, Forstwege und leider auch über größere Strecken auf Asphaltstraßen.

Die Zeitangaben sind reine Wanderzeiten, wobei wir zwei eher gemütliche Typen sind.

Als Kartenmaterial hatten wir eine neue Ausgabe von *Road Editions-Peloponnes* (übersichtlicher) sowie *Anavisi-Peloponnes* (genauer), beide 1:250.000, auf welchen der E4 in seiner ganzen Länge markiert ist, wobei der Wegverlauf nicht immer stimmt. Karten in kleinerem Maßstab, wenn sie erhältlich sind, können Ihnen helfen, wenn Sie es genauer wissen möchten. Diese können Sie auch vor Ort kaufen. Die Tour ist jedoch sehr gut mit diesen zwei Karten und dem vorliegenden Buch durchführbar.

Da das griechische und das lateinische Alphabet nicht gleich sind, ergeben sich auch mehrere unterschiedliche Schreibweisen in Übersetzungen und Karten. So wird zum Beispiel der Ort Gythion (Γύθειο) am Ortseingang mit

Gytheio, am Ortsausgang mit Githio, auf Straßenschildern mit Gythio oder Gytheion geschrieben und der Stempel des Postamtes trägt den Aufdruck Gythion. Stören Sie sich nicht daran, ein Richtig oder Falsch gibt es nicht.

Einen Anspruch auf Vollständigkeit erhebe ich mit meinen Angaben nicht und alles ist ohne Gewähr, denn vieles kann sich binnen Sekunden ändern. Das Buch soll Ihnen jedoch eine Weghilfe sein, um frohen Mutes und auch ohne GPS-Gerät ein Etappenziel zu finden.

In diesem Sinne viel Spaß und tolle Bege(h)gnungen

Rolf Roost, Karioupoli, GR-232 00 Gythion 💻 www.olivenoel-oliven.ch

Über den Autor

Aus der Schweiz ins Land der Götter - ein erfüllter Traum

Vor etwas mehr als 18 Jahren unternahmen wir eine Reise, die an Nachhaltigkeit nichts zu wünschen übrig lässt. Sonja, meine Frau, wählte das Ziel, ich das Transportmittel und die Idee, den Peloponnes mit dem Fahrrad zu bereisen, war geboren. Im April 1989 ging es los. Rundherum und kreuz und quer - dieses Stück Erde hatte es uns von Beginn an angetan. Der Jugendtraum, ein Haus mit den eigenen Händen zu bauen, kam in mir hoch. Hier war das noch möglich und so kam es, dass wir nach drei Monaten mit einem Stück Land "in der Tasche" voller Enthusiasmus und pleite wieder in die Schweiz zurückkehrten.

Nach drei Jahren Geldverdienen ging es in die erste Bauphase. Ein neuer Lebensabschnitt konnte also beginnen. Ein Natursteinhaus von Grund auf selbst fertigzustellen … eine große Herausforderung für uns. In verschieden langen Etappen, denn zwischendurch mussten wir immer wieder Geld verdienen, machten wir Lebenserfahrungen, die viel mehr umfassten, als "nur" ein Haus zu bauen. Unserem Ziel kamen wir immer näher und nach sechs Jahren war es dann so weit. Ein Zimmer im Haus war komplett fertig und wurde zu unserem Wohnraum auf der Baustelle, während der Rest des Hauses über weitere drei Jahre hinaus seiner Vollendung immer näher kam.

Unser Grundstück befindet sich am Ende eines kleinen Dorfes, mitten in einem Olivenhain. Nach der ersten richtigen Ernte unserer 30 Olivenbäume hatten wir 100 l Olivenöl und 200 kg Essoliven. Was machen zwei Schweizer, die Butter und Sonnenblumenöl gewohnt sind, mit so einer Ausbeute? Wir verschenkten alles an Freunde, Verwandte und Bekannte in der Schweiz. Als diese ein Jahr später wieder nach den feinen Produkten fragten, entstand unsere Geschäftsidee: "Ja, wir haben wieder Olivenöl und Oliven, aber ab jetzt kostet es etwas" - und die ersten 200 l Olivenöl waren verkauft.

Das ist nun mehr als zehn Jahre her und mittlerweile beliefern wir Privathaushalte in der ganzen Schweiz und in Liechtenstein. Wir arbeiten heute mit einer traditionellen Ölmühle in der Mani (Peloponnes) zusammen und vertreiben das biologisch produzierte Native Olivenöl Extra. Transparenz und Beziehung zum Produkt sind wesentliche Bausteine unserer Philosophie und gerade im Lebensmittelbereich wichtiger denn je. So geben wir das Grundnahrungsmittel Olivenöl immer mit Kultur, Beziehung und Aufklärung weiter … und sind sogar ein wenig stolz darauf.

Darüber hinaus haben sich im Laufe der Zeit weitere Zweige entwickelt, die wir in unser Leben einfließen lassen. Ganzheitlichkeit nicht nur im Lebensmittelbereich, sondern auch beim allgemeinen Wohlbefinden. Unter diesem Aspekt bieten wir verschiedene Ferienwochen an und das vorliegende Buch ist ebenfalls ein Teil dieser Lebensbereiche. Ganz dem Spruch Platons folgend: *Leben allein ist nicht wesentlich, sondern gut leben!*

Interessiert? 💻 www.olivenoel-oliven.ch

Dank

Im Grunde ist das Leben eine ewige Wanderung und wir sind öfter mal froh über Menschen, die uns gewisse Richtungen zeigen, also eine Art Wanderführer sind in unserem Leben. Solche Leute gab es für mich auch bei der Entstehung dieses Wanderführers und ich möchte ihnen dafür danken:

Mir selbst für die Idee dieses Unternehmens; meiner Frau Sonja, die mir immer wieder zeigt, was die Liebe auf Erden bedeutet; Greta, die mir gezeigt hat, was göttliche Liebe ist; meinem Kumpel Rainer, mit dem zusammen ich diese Tour gemacht habe; Ingo, der im Mittelteil der Tour mit dabei war; den Leuten der Bergsteigervereine Griechenlands, die mir meine Fragen beantwortet haben; all den Leuten vor Ort, die mir weitergeholfen haben, den Weg zu finden; den Hirten, die uns mehr sagten, als sie ahnten; dem Conrad Stein Verlag, der sofort einverstanden war, meine Erfahrungen zwischen Buchdeckel zu bringen, um sie an Sie weitergeben zu können und nicht zuletzt Ihnen selbst, auch für Anregungen. Denn ich weiß, dass jeder, der mit einem Wanderführer reist, immer mal wieder über den Autor schimpft, weil er etwas "falsch" beschrieben hat oder einen "in die Irre geführt" hat. Bitte nehmen Sie es als Herausforderung, solche Begebenheiten direkt dem Verlag zu melden. Es existiert ein Internet-Update-Service für die einzelnen Routen.

Land und Leute

Dem Kapitel **Land und Leute** habe ich einen größeren Abschnitt gewidmet. Griechenland liegt zwar in Europa, doch ist es auch das Tor zum Orient. Im Zuge der fortschreitenden Globalisierung wird allzu oft davon ausgegangen, dass alles und überall, zumindest in Europa, von gleichem Standard ist. Dies mag für das Angebot gewisser Supermarktketten der Fall sein, wer es jedoch auf die Mentalität der Bewohner ausweitet, liegt schwer daneben!

Ich möchte mit diesem Kapitel einen Beitrag dazu leisten, dass Sie, wenn Sie quer durch den Peloponnes wandern, sich nicht nur an geleisteten Höhenmetern erfreuen, sondern auch eine Auseinandersetzung mit "Land und Leuten" erfahren dürfen. Sie werden auf Begebenheiten stoßen, bei denen Sie sich fragen werden: "Was? Bin ich wirklich im Europa des 3. Jahrtausends?"

Ich erhebe keinen Anspruch auf Vollständigkeit oder gar auf die Richtigkeit meiner persönlichen Ansichten, doch ich plaudere aus erster Hand. Als Schweizer, der sich Griechenland als seine Wahlheimat ausgesucht hat, sind die zum Teil grundlegenden Verschiedenheiten der beiden Länder auch heute noch eine tägliche Herausforderung. Immer wieder darf ich dazulernen und bin sehr dankbar dafür. Aus dieser Erfahrung heraus darf ich Ihnen sagen, dass Sie sich freuen dürfen auf Leute und Begebenheiten, die für mitteleuropäische Denkweisen, teilweise fast schon an Abenteuer grenzen.

Mein Ziel ist es, Verständnis für die Eigenheiten dieses Landes und ihrer Bewohner zu vermitteln. Eigenheiten auch, die sich, wie auf der ganzen Welt, erheblich unterscheiden zwischen Stadt- und Landleben. Und auf dieser Tour kommen Sie zum Teil in sehr abgeschiedene Landesteile, die einem das Gefühl geben können, das wenn da überhaupt je Uhren im Gebrauch gewesen sind, diese irgendwann mal aufgehört haben zu ticken.

Europa oder doch nicht ganz?

Geografisch gehört Griechenland ganz eindeutig zu Europa und seit 1984 auch zur EU. Von der Mentalität her sind die Griechen jedoch Griechen und Europa als solches geht viele als Individuum nicht sehr viel an. Das zeigt sich auch darin, dass Griechen, wenn sie in ein anderes europäisches Land fahren, oftmals sagen: "Ich gehe nach Europa". Wenn sie ein Produkt, ein Autoersatzteil oder was auch immer, von außerhalb Griechenlands bekommen, heißt es: "Es kommt aus Europa". Für alle diese gehört Griechenland offensichtlich nicht zu Europa. Nur wenn von Subventionen die Rede ist, kommen diese aus "Brüssel" oder der "EU".

Dieses Eigenständigkeitsgefühl rührt sicher auch daher, dass Griechenland über 400 Jahre unter türkischer Herrschaft war. Während dieser Zeit wurde mit allen Mitteln versucht, eine gewisse Eigenständigkeit zu bewahren, obwohl es nötig war, nach oben hin den "Bückling" zu machen. Nach der Befreiung 1821 kamen die Monarchie unter König Otto, der Erste Weltkrieg, der Zweite Weltkrieg, der innergriechische Partisanenkrieg und schließlich die Diktatur unter der Junta, die erst 1974 ein Ende fand. Endlich frei! Jedoch immer noch mit dem Gefühl, zwar mittendrin, aber doch nicht ganz dabei zu sein. Im Herzen sind sie vor allem anderen Griechen.

Der oder die Peloponnes

Eine Frage, die im deutschsprachigen Raum immer wieder auftaucht und auch immer wieder unterschiedlich entschieden wird. Im Griechischen ist es eindeutig: η Πελοπόννισος (*i Pelopónissos*). Wortwörtlich heißt das "die Pelopsinsel", nach Pelops, einem Enkel des Göttervaters Zeus benannt. Insel ist aber nicht ganz richtig. Zu Zeiten von Pelops gab es noch keinen Plan des Kanals von Korinth. Erste Pläne dazu entsann Periander, der Tyrann von Korinth, etwa 600 v.Chr. Heute ist er, streng genommen, eine künstliche Halbinsel, wird jedoch weder zum Festland noch zu den Inseln gezählt, sondern im geografischen Sinne als eigenständiger Landesteil angesehen.

Eine Insel oder eine Halbinsel wäre also mit weiblichem Artikel, ein Landesteil mit männlichem Artikel. Da es aber weder das eine noch das andere wirklich ist, bleibt der Namensgeber über: der Pelops. Eine wortwörtliche Übersetzung des Griechischen ins Deutsche klappt auch nur in den seltensten Fällen, es gibt also hier weder richtig noch falsch.

Ich verwende in diesem Buch "der Peloponnes", weil es größtenteils so gehalten wird und ich im Laufe der Jahre diesem Ausdruck den Vorrang gegeben habe.

Maultierpfad oder Asphaltstraße?

Dem Straßennetz in Griechenland wurde während der letzten zwei Jahrzehnten zunehmend Bedeutung geschenkt. Die alten, scheppernden Autos, für die man in nördlichen Ländern fast schon Antiquitätenpreise bezahlt hätte, sieht man dank staatlicher finanzieller Unterstützung bei einem Neuwagenkauf immer weniger auf der Straße. Heute wird das Straßenbild hauptsächlich durch sauber polierte Karossen, möglichst in 4x4-Version, geprägt. Dementsprechend wird auch das Straßennetz dauernd erweitert, das bestehende ausgebessert, verbreitert oder ganz neu gemacht.

Diese Entwicklung macht auch vor entlegenen Orten nicht halt. Immer mehr Traktor- und Feldwege in den Bergen werden asphaltiert oder betoniert - auch in Orten, die fast schon ausgestorben sind, und wo der Esel von den Zurückgebliebenen noch als Transport- und Fortbewegungsmittel benutzt wird. Da der moderne Grieche keinen Grund sieht, zu Fuß unterwegs zu sein, werden oftmals für unsere Augen wunderschöne Wanderstrecken und frühere Maultierpfade ersatzlos für Autos platt gemacht. Zum Wohle der Abgewanderten, die jetzt an den Wochenenden und in den Ferien bequem mit dem Auto in ihre Heimatdörfer fahren können, ohne eine Beule am Auto zu riskieren. Sehr zum Leid der Wanderer, die nun Asphalt unter den Füßen haben. Mittlerweile gibt es zum Glück einen Verein zur Erhaltung alter Kopfsteinpflasterwege (in Griechisch *kalderìmi*), doch er steckt noch in den Kinderschuhen.

Der Vorteil dieser Situation ist, dass da, wo diese Wege noch erhalten sind, Sie auch während der Hauptsaison nur wenige Leute zu Fuß antreffen werden. So bleibt Ihnen die ganze, im wahrsten Sinne des Wortes unberührte Natur zum Entdecken und Genießen in einer Ursprünglichkeit, die in häufig bewanderten Gebieten längst verloren gegangen ist.

Griechen und Wandern

Es gibt in Griechenland 89 offizielle Wandervereine mit insgesamt ca. 6.100 eingeschriebenen Mitgliedern. Trotz dieser groß erscheinenden Zahl ist Wandern in Griechenland weit davon entfernt, ein Volkssport zu sein. Und wie viele von den angegebenen Mitgliedern Passivmitglieder sind, entzieht sich meiner Kenntnis.

Sie werden mehrheitlich auf große, verständnislos dreinblickende Augen stoßen, wenn Sie erzählen, Sie seien zu Fuß unterwegs und dies noch über eine so weite Strecke. *"Poh poh!"*, wird der meist geäußerte Ausdruck sein, den Sie zu hören bekommen werden. In diesem Falle heißt "poh poh!", so viel wie: "Wie kann man sich das nur antun? Es gibt doch Autos oder zumindest Linienbusse."

Sich zu Fuß fortzubewegen, hat für den Durchschnittsgriechen überhaupt nichts mit Freizeitvergnügen zu tun. Im Gegenteil: Es ist nur anstrengend, unvorstellbar und wird lieber den "Exoten" überlassen. Mit dem Auto direkt vor dem Laden oder Restaurant vorzufahren, um direkt vom Auto in die Ladentür zu gehen, ist für die Mehrzahl der Griechen viel erstrebenswerter. Und wenn da schon ein Auto vor eben dieser Türe steht, dann wird eben in zweiter Reihe, mitten auf der Straße geparkt - "es dauert ja nur einen Augenblick", wird dem nachfolgenden Fahrer mit einem extra für diesen Zweck erfundenen Handzeichen angezeigt. Aber zu Fuß?! - und dann noch mehr als einen Kilometer? - unverständlich! Wer als Grieche nicht von der Arbeit her zu Fuß unterwegs sein muss, der lässt es lieber bleiben.

Wie gesagt, dies betrifft die Mehrheit der Griechen. Es gibt aber auch die Ausnahmen. Leute, die mit Leib und Seele zu Fuß unterwegs sind und Wandern als Vergnügen erleben. Doch auch sie werden von ihren Landsleuten nur mit einem milden Lächeln bedacht.

Kafenion

Auch heute noch ist das Kafenion **die** Begegnungsstätte in Griechenland. Hier werden politische Reden gehalten, Geschäfte abgeschlossen, Karten gespielt. Man wartet auf jemanden oder lässt einfach die Zeit verstreichen, es dient der Erholung von der Familie und für viele ist es ein zweites Zuhause oder der Start in den Alltag. Ein Alltag, der dann auch einmal ein bisschen später anfangen darf, denn der Aufenthalt im Kafenion ist ja bereits Alltag. Hier können Sie als Wanderer auch Auskünfte über den Ort einholen, fragen, wie der weitere Wegverlauf ist, ob eine Übernachtungsmöglichkeit im Dorf vorhanden ist, oder welche Transportmöglichkeiten es gibt. Auch als Frau werden Sie eine Antwort erhalten in der Männerwelt des Kafenions.

Auch heute noch ist es vor allem den Männern vorbehalten, sich in diesen Lokalitäten aufzuhalten. In der Stadt noch ausgeprägter als auf dem Lande, denn in abgelegenen Orten bietet oftmals einzig das Kafenion die Möglichkeit, außerhalb der eigenen vier Wände Leute zu treffen. Dort gibt es auch nicht nur Kaffee und andere Getränke, sondern auch kleine, einfache Mahlzeiten. Nicht selten ist das Kafenion weit mehr als eine Gaststätte. Es werden von Dosenmilch, Batterien, Waschmitteln bis hin zu in Salz eingelegtem Kabeljau alle nötigen Dinge des täglichen Bedarfs angeboten, für die man nicht jedes Mal in die nächstgelegene Stadt fahren will.

Die Einrichtungen muten zum Teil richtig orientalisch an und ich hoffe ganz fest, dass nicht irgendwann einmal ein (Pseudo-)EU-Hygienegesetz verbieten wird, frisch gebrühten Kaffee zwischen geräucherter Salami und Tomatenkonserven zu servieren. Ebenfalls zur Standardeinrichtung eines Kafenions gehört ein lauter und ständig laufender Fernseher, der auch weitab vom Weltgeschehen einen Einblick in die Turbulenzen der großen Welt bietet.

Kafenion in Pagrati

Olivenbäume und Olivenöl

Auf Ihrer Wanderung werden Sie Olivenbäume in unzähligen Mengen antreffen. Knorrige, widerstandsfähige, genügsame, immergrüne, bis zu 1.000 Jahre alte Zeitzeugen, die allein für sich schon ein Mythos sind.

Ein erheblicher Teil des Einkommens auf dem Peloponnes resultiert, neben dem Tourismus, aus der Landwirtschaft, und da kommt der Löwenanteil aus den Produkten des Olivenbaums. Der Olivenbaum ist somit nicht nur Symbol für Weisheit und Frieden, sondern auch die Haupteinnahmequelle vieler Menschen auf dem Peloponnes. Etliche alte Haine sind seit Generationen in Familienbesitz und werden das ganze Jahr über bewirtschaftet. Im Frühjahr werden die Bäume von treibenden, knospenlosen Ästen gesäubert, das Gras im Olivenhain kurz gehalten, der Boden gedüngt. Im Sommer wird, wo nötig, bewässert, gegen den größten Feind der Olive, die Olivenfliege, vorgegangen und im Herbst werden die Haine vorbereitet für die Ernte, die im Winter stattfindet.

Auf dem Peloponnes sind große Monokulturen und mechanisierte Ernten die große Ausnahme und viel Handarbeit mit traditionellen Erntemethoden in terrassierten Hainen die Regel. Die Oliven werden mit Handrechen von den zuvor geschnittenen Zweigen entfernt und mit Stöcken oder langen "Klatschen" von den Ästen, die noch am Baum verbleiben, geschlagen. Das Höchste an maschinellem Einsatz sind kleine, motorgetriebene Erntehilfen. Die früchtebehangenen Zweige werden dabei über mit Gummifingern bestückte, schnell drehende Walzen gezogen - so wird die mühselige Arbeit mit dem Handrechen ersetzt.

Rüttelmaschinen-Ungeheuer, die den ganzen Baum durch Mark und Bein erschüttern, um ihm so seine Früchte abzuzwingen, sind auf dem Peloponnes zum Glück nicht im Einsatz. Meiner Meinung nach ist es ein Frevel, auf solche Art und Weise, im wahrsten Sinne des Wortes, an den Wurzeln eines solch ehrwürdigen Gewächses zu rütteln, das im alten Griechenland sogar als heilig galt!

Die Ernte wird vielerorts zu einem Familientreffen. Verwandte reisen aus der Ferne an, um im gemeinsamen Hain die Oliven zu ernten. Tavernen sind nur abends geöffnet, die Oliven haben Vorrang. Nicht wenige verlassen für Wochen ihren angestammten Arbeitsplatz und machen Ernteurlaub oder ernten an den freien Wochenenden. Andere engagieren ganze Erntetrupps, die sich in eingespielter Art und Weise durch die Olivenhaine arbeiten.

Den Baumschnitt erhalten die Bäume gleichzeitig mit der Ernte und der Baumschneider ist auch die wichtigste Person im Team. Von ihm hängt es ab, ob bei der nächsten Ernte wieder Früchte an den Bäumen hängen. Ein Olivenbaum trägt von Natur aus in einem Jahr viele Früchte, im darauffolgenden weniger - er erholt sich sozusagen, um ein Jahr später wieder "in die Vollen" gehen zu können.

Der erhabenste Augenblick nach all den Mühen der Ernte ist der Moment, wenn das frisch gepresste Öl in die Auffangwanne läuft. Brot, das im Kaminfeuer getoastet wurde, wird unter das frische Öl gehalten und auch die Augen des Ölbesitzers beginnen zu glänzen, wenn er die ersten Tropfen seines "grünen Goldes" kostet. Von allen Seiten wird ihm bestätigt, dass diesen Winter noch kein besseres Öl als das seine gepresst wurde und irgendwo stimmt es auch. In diesem Punkt sind sich ausnahmsweise mal die meisten

Fachleute einig: Eines der besten Olivenöle der Welt kommt vom Peloponnes und speziell aus der Mani, dem Südzipfel des Peloponnes.

Interessiert? 💻 www.olivenoel-oliven.ch

Wasser

Hart wird daran gearbeitet, fließend Wasser auch in die letzte Hütte zu bringen. Noch immer nicht kennen alle Orte diesen Komfort und Brauchwasser wird oft noch in Regenwasserzisternen aufgefangen. In regenarmen Jahren werden die Zisternen auch mit Wasser aus Tanklastwagen aufgefüllt - dem mehr und mehr ausgebauten Straßennetz sei Dank!

Trinkwasser ist das in Petflaschen abgefüllte Mineralwasser, zu 99,9 % ohne Kohlensäure. Kohlensäurehaltiges Mineralwasser ist nur in Läden und meistens in Glasflaschen erhältlich. Wenn Sie trotzdem mal Lust auf ein Prickeln im Hals ohne Alkohol verspüren, können Sie ein Soda bestellen. Dies ist in Kafenions oder Tavernen fast immer erhältlich und einem ungesüßten Sprudelwasser ähnlich.

Ein Kaffee ohne ein Glas Wasser ist in Griechenland undenkbar. Ein Glas Wasser auch zu jedem Stück Kuchen ist die Regel. Obwohl zum Teil das Wasser noch ein Luxusartikel ist, wird es dem Gast immer gereicht. Ich wage hier sogar einen symbolischen Vergleich: Wasser ist das Symbol für Leben und Flexibilität. Unaufgefordert und als erstes wird dem Gast also ein Stück Leben offeriert. Eine schöne Geste, die nicht nur dem Durstlöschen dient.

Wasser wird auch immer zum Essen gereicht. Normalerweise ist es Leitungswasser in einer Karaffe und kostet nichts. In verschiedenen Restaurants und Tavernen wird es aber auch in Flaschen, die dann mit auf die Rechnung kommen, serviert. Die Preise jedoch sind dem Inhalt angepasst und es hat nichts mit "Abzocken" zu tun. Wer es ablehnt, weil er es nicht bestellt hat, der lehnt auch, und dies ist meine persönliche Meinung, die dahinter steckende Symbolik ab.

Der Verschwendung von Wasser wird von staatlicher Seite versucht, Einhalt zu gebieten. So ist es offiziell verboten, Felder und Gärten mit Leitungswasser zu bewässern. Verbote nützen aber in Griechenland vorwiegend erst dann etwas, wenn deren Übertretung geahndet wird und an den eigenen Geldbeutel geht. Vor ein paar Jahren war es in unserer Region noch so, dass man eine Pauschale pro Jahr bezahlte, egal wie viel man verbrauchte, obwohl bereits überall Wasseruhren installiert waren. Heute wird der Verbrauch bis zu einer Menge, die ein durchschnittlicher Haushalt verbraucht, so bemessen, dass es nicht allzu teuer ist. Was darüber hinausgeht, wird als "Verschwendung" oder "Bewässerung" eingestuft und dementsprechend viel höher taxiert.

sigà, sigà

Worte, die ihre tiefe Bedeutung behalten haben. „*Sigà, sigà*", heißt wörtlich langsam, langsam. „Wir haben ein ganzes Leben für uns, warum sich also beeilen", ist der treffendere Hintergrund. Es spiegelt auch die große Gabe der Griechen wider, den Moment zu genießen. "Komm, lass uns an die Arbeit gehen!" - "*Sigà, sigà*, zuerst trinke ich meinen Kaffee fertig." "Ich möchte Gläser bestellen, um meine Olivenpaste abzufüllen, brauche sie aber erst in drei Monaten." - "*Sigà, sigà*, bis dahin könnte ich ja gestorben sein. Komm eine Woche bevor du sie brauchst."

Vorausplanen geht einem Griechen gegen den Strich. Alles in letzter Minute ist noch lange früh genug. Da eine Vorausplanung meistens auch mit einer Erwartungshaltung gekoppelt ist, kann ein Grieche nur selten enttäuscht werden, weil es nur eine diffuse Erwartung an etwas gibt, das erst viel später umgesetzt wird. Die Erwartung wird auf den Moment bezogen und dieser muss stimmen. Dieser stimmt meistens auch, eben weil keine in die Zukunft schweifenden Gedanken in die Quere kommen.

Eine Vorausplanung setzt auch ein gewisses Programm voraus, einen vorgegebenen Ablauf, der dann auch eingehalten werden muss. In Griechenland jedoch würde diese Denk- und Vorgehensweise ein Verhalten fordern, dem die Leute nur in den seltensten Fällen nachkommen könnten. Ein vorprogrammiertes Durchziehen einer Idee, und sei dies auch nur die Planung eines Wochenendes, lässt viel zu wenig Möglichkeiten offen, den Moment entstehen zu lassen. Eine Frage nach etwas Geplantem in weiterer oder auch näherer Zukunft wird oft beantwortet mit: "Der Moment wird es zeigen", oder "wenn der Moment dafür kommt", selten jedoch mit einer detaillierten Idee. In einem Griechischkurs, den ich besuchte, hat einmal als Beispielsatz gestanden: "Anzeige: Wegen Arbeiten an der Hauptleitung werden am kommenden Dienstag alle Haushalte der Region zwischen 10:00 und 14:00 keinen Strom haben." Ich musste laut lachen, denn dass der Strom abgestellt wird, passiert bei uns öfters. Aber dass auch nur in irgendeiner Form darauf hingewiesen wird, ist bis heute nicht passiert. Auch Läden, Werkstätten, Hotels etc. werden nicht vorgewarnt. Der Strom ist weg und erst dann kann man sich telefonisch erkundigen, wann dieser wieder eingestellt wird. Warum? Weil meistens sehr kurzfristig entschieden wird was, wann, wo gemacht wird. Eine Vorausplanung wird höchstens für Großprojekte gemacht, die über mehrere Tage dauern. Ansonsten weiß am Abend noch niemand, wo am anderen Morgen kein Strom sein wird. Das Griechischlehrbuch war vermutlich eine übersetzte Version, oder der Satz hat sich auf ein Industrie- oder Nobelquartier in Athen bezogen, mit der Realität hat er jedoch nicht viel zu tun. Diese ist eher: "*Sigà, sigà*, wenn kein Strom da ist, machen wir eben Pause."

Auch hier ist wieder ein großer Unterschied zwischen Stadt und Land zu beobachten. Das Stadtleben wird auch in Griechenland einem engmaschigeren Zeitplan unterworfen als auf dem Lande, wo die Tage noch ineinander fließen und oftmals kein Unterschied gemacht wird zwischen Wochen- und Sonntagen.

Es gibt aber auch Alltagssituationen, in denen das *sigà, sigà* überhaupt keinen Platz hat. Wenn zum Beispiel im Supermarkt mehr als vier Leute an der Kasse anstehen, kann man die blumigsten Ausreden hören, mit denen sich "in Eile" befindende Leute vordrängen möchten. In Banken und Postämtern größerer Orte wurde vor nicht allzu langer Zeit das Ticketsystem eingeführt. Man muss warten, bis die eigene Nummer an einem Schalter anzeigt, dass man nun an der Reihe ist. Für mich immer wieder ein spannender Moment, zu beobachten, wie die Leute nur sehr verdrossen damit umgehen können, denn jetzt nützt auch die ausgefallenste Ausrede nichts mehr - Warten ist angesagt.

Auch im Straßenverkehr spürt man von der Gelassenheit des *sigà, sigà* nur wenig. Jeder will der Schnellste, der Erste sein und je schneller der vor einem Fahrende überholt ist, desto besser.

Ewiges Heimweh

Es ist möglich, dass die Kinder von Griechen, die in der dritten Generation im Ausland leben, nicht mehr eine ganz so enge Beziehung zu ihrem Heimatland haben. Entwurzelte Griechen gibt es jedoch kaum. Auch wenn ein Grieche, und derer gibt es viele, schon etliche Jahre im Ausland lebt, seine Sehnsucht und sein Denken bleiben mit Griechenland verhaftet. Es leben ungefähr gleich viele Griechen im Ausland wie im Land selbst (im Juli 2006 zählte Griechenland 11.100.000 Einwohner). Die bevorzugten Magnete für ein "besseres Leben" sind die USA, Kanada, Australien und Deutschland. Dieses bessere Leben wird jedoch rein wirtschaftlich bemessen, das Herz bleibt in Griechenland und besonders im Heimatdorf. Auch "nur" nach Athen Abgewanderte sprechen mindestens einmal pro Woche von "zu Hause" und meinen damit das Dorf, in dem ihr Herz geblieben ist. Ihrer Heimatverbundenheit geben sie in den letzten Jahren auch immer mehr Ausdruck, indem sie das in der Ferne verdiente Geld in ihr Dorf zurückfließen lassen. Viele vor dem Zerfall stehende Häuser werden mit viel Liebe und Geduld im traditionellen Stil wieder hergerichtet, auch wenn diese dann nur in den Ferien oder an verlängerten Wochenenden bewohnt werden. So richtig zurück wollen jedoch nur die Wenigsten, denn das Leben in der Stadt oder im Ausland hat doch viel mehr Annehmlichkeiten. "Wenn ich dann mal in Pension gehe ...", heißt es und das Leben in der Fremde mit dem Herzen im Heimatort geht weiter. So lange, bis die Sehnsucht wieder Überhand hat, der Jahresplan Ferien anzeigt oder ein Familienanlass eine unausweichliche Möglichkeit bietet, zu den Wurzeln zurückzukehren.

Von Patriotismus im landläufigen Sinn kann hier jedoch nicht die Rede sein. Es geht meiner Meinung nach viel eher um eine Verwurzelung des Herzens, als um das Vertreten von nationalem oder regionalem Gedankengut.

Auf sehr schöne und amüsante Weise zeigt dies der Film "My big fat greek wedding". Ich empfehle Ihnen, vor der nächsten Griechenlandreise als Vorbereitung zu einem Kennenlernen von Land und Leuten, diesen Film anzuschauen. Er spiegelt, wenn auch zum Teil in etwas überspitzter Form, sehr hintergründig die Mentalität der Griechen in diesem Zusammenhang wider. Viel Spaß! Übrigens, auch der inzwischen über vierzigjährige Klassiker "Alexis Zorbas" zeigt Begebenheiten, die auch heute noch passieren könnten.

Essen

In vielen Reiseführern über Griechenland wird erwähnt, dass das Essen einfach, triefend von Olivenöl und nach einer Woche langweilig ist, da keine Auswahl bestünde. Wenn Sie mit dieser Vorstellung nach Griechenland kommen, wird es vermutlich auch für Sie so sein. Meiner Meinung nach liegt der Hauptgrund dieser einseitigen Wiedergabe genau hier verborgen. Viele Urlauber kommen mit dieser vorgefassten Idee im Kopf nach Griechenland, die Griechen würden sich nur von Souvlaki ernähren, und kommen gar nicht erst auf die Idee, dies zu hinterfragen. Ich möchte Ihnen ein paar weitergreifender Ansichten aufzeigen, damit Sie sich nicht nur von Souvlaki und Pommes ernähren müssen.

In Wahrheit ist die griechische Küche äußerst vielfältig. Man darf sich jedoch nicht scheuen, weiter zu gehen, als einfach nur Souvlaki zu bestellen, weil es das Einzige ist, was einem einfällt. Oftmals gibt es in den Tavernen auf dem Lande keine Speisekarten. Der Kellner, der Wirt oder die Chefin geben mündlich an den Gast weiter, was es alles gibt, und genau hier müssen Sie einhaken. Nicht einfach nur das, was Sie verstehen, bestellen, sondern sich erklären lassen, woraus die einzelnen Gerichte bestehen.

Auch heute noch gilt die griechische Tradition, dass man den Köchinnen und Köchen in die Töpfe schauen kann. Tun Sie es! Fragen Sie, wenn Sie nicht alles verstehen, ob Sie einen Blick in die Töpfe werfen dürfen. Es wird Ihnen kaum verweigert werden und oft ist es für den Wirt eine Ehre, den Gast mit seinem besten Essen zu bewirten, als einfach nur ein paar Souvlakis für ihn zu grillen.

Ich habe in diesem Moment ein griechisches Kochbuch in Deutsch vor mir, das es in jedem Touristenladen zu kaufen gibt. Es enthält ungefähr 85 Hauptgerichte und 35 Vorspeisen und dies ist nur eins von vielen Kochbüchern. An der Vielfalt kann es also nicht liegen, wenn Touristen enttäuscht sind.

In einfachen Tavernen auf dem Lande gibt es oftmals keine große Auswahl, das stimmt. Das heißt jedoch nicht, dass die griechische Küche im Allgemeinen nur wenig zu bieten hat, und in größeren Orten vergrößert sich das Angebot sofort. Und es stimmt auch, dass in Griechenland anders gekocht wird als in Mittel- und Nordeuropa. Hoffentlich! Genießen Sie das Andere!

Nur schon von den leckeren und vielseitigen Vorspeisen könnte man wochenlang leben, ohne dass einem langweilig würde, was das Essen betrifft. Zugegeben, ich bin da vielleicht nicht die beste Referenzperson, denn für mich ist die griechische Garküche **die** Küche überhaupt. Die Raffinesse, wie man sie von der französischen Küche her kennt, mag hier zwar fehlen und die Zutatengrundlagen Olivenöl, Zitrone, Salz und Pfeffer wiederholen sich immer wieder. Das heißt jedoch noch lange nicht, dass auch alles gleich schmeckt. Es wird zum Beispiel noch sehr viel mit Wildkräutern und Wildgemüse gekocht, die in unserem mitteleuropäischen Wissen schon lange verloren gegangen sind. Im Teller geben sie dem Gericht eine unvergleichliche Note von Urtümlichkeit.

Auch Zitrone ist für nördliche Geschmäcker eher ungewohnt, außer vielleicht zu Fisch, in der griechischen Küche jedoch wird sie häufig verwendet. Anstelle von Essig gibt man den Saft einer frisch gepressten Zitrone an den Salat - versuchen Sie es, es schmeckt sehr gut. Frischer Zitronensaft über das Fleisch hilft beim Verdauen. Krautwickel in Zitronen-Eiersauce - ein Gedicht!

Auch immer wieder ein Stein des Anstoßes ist, dass griechisches Essen im besten Falle lauwarm, jedoch niemals heiß serviert wird. Das kommt daher, dass viele Gerichte am Morgen frisch gekocht und dann über den ganzen Tag warm gehalten werden. Der ganze Eigengeschmack kann sich so viel besser entfalten und die Nährwerte bleiben erhalten. Nur in Touristenrestaurants wird das Essen nochmals in der Mikrowelle heiß gemacht. Dazu eine kleine Anekdote:

In unserer Anfangszeit in Griechenland hatten wir einen Nachbarn zum Essen eingeladen. Traditionell griechisch sollte es sein und meine Frau kochte nach einem hiesigen Rezept. Zeit zum Essen und wir zwei hauen rein. Jorgos wartet.

"Schmeckt es dir nicht? Versuch es doch", sage ich.

"Ja"

Wir zwei essen weiter. Es wird ein wenig peinlich.

"Es ist nach einem griechischen Rezept gekocht", versuchen wir ihn zu überzeugen.

"Ja. Es sieht auch lecker aus", sagt er, wechselt das Thema und erzählt uns eine Geschichte aus dem Dorf.

In der Zwischenzeit haben wir unsere Teller leer und er beginnt langsam zu essen … das Essen war genügend abgekühlt und er lobte es in den höchsten Tönen …

Inzwischen geht es mir genauso. Bei heißem Essen bin ich damit beschäftigt, mir nicht den Mund zu verbrennen, anstatt dass meine Sinne beim Geschmack sind.

Die traditionelle griechische Küche verliert leider immer mehr an Boden, zugunsten von Fastfoodketten und Pizza-Service. Auch in den Supermärkten wird ein Trend geschaffen, der hin zu einer beziehungslosen Schnellverkostung gehen soll. Zum Wohle einzig und allein der Nahrungsmittelindustrie natürlich. Die Auswirkungen kann man vor allem in Städten beobachten, es wird immer mehr Platz für einzelne Personen gebraucht auf den eh schon schmalen Bürgersteigen … Auf dem Peloponnes jedoch werden Sie mehrheitlich noch in den Genuss einer ursprünglichen Küche kommen.

Essgewohnheiten

Das größte Freizeitvergnügen der Griechen ist es, mit Freunden zusammen in einem Restaurant oder einer Taverne zu essen. Nur in Notsituationen würde ein Grieche allein an einem Tisch in der hintersten Ecke essen. Während in Mitteleuropa in ein Wochenende möglichst viele Erlebnisse gepackt werden und man auf dem Rückweg irgendwo noch schnell essen geht, wird in Griechenland das Essen und Plaudern in den Mittelpunkt der Freizeiterlebnisse gestellt. Dies zieht sich dann auch meistens über mehrere Stunden hin. Oftmals geht man zuerst in eine *Ouzerì*, wo sich alle treffen, trinkt einen Aperitif, isst dazu kleine Häppchen (*Mezè*) und geht dann in das ausgewählte Lokal zum Essen. Wenn dann noch genügend Platz im Bauch ist, wird wieder das Lokal gewechselt und man geht auf einen Kaffee mit Kuchen in eine Cafeteria und der Sonntagsausflug findet ein süßes Ende.

Frühstück kennen die Griechen in der Regel nicht. Ein Kaffee am Morgen und vielleicht noch ein *Koulouràki* (Sesamkringel) im Stehen, bevor es in den Alltag geht. Mittagessen ist meist nach 14:00, nach dem Ladenschluss der meisten Geschäfte und öffentlichen Institutionen. Die Siesta ist auch heute noch üblich und dauert etwa 17:00 bis 18:00. In vielen Orten darf während dieser Zeit kein Gewerbe betrieben werden, das Lärm macht. In der zweiten Tageshälfte, die in Griechenland etwa dann beginnt, wenn in Mitteleuropa Feierabend gemacht wird, geht es nochmals an die Arbeit. Nachtessen ist selten vor 21:00 angesagt, in der Regel jedoch erst nach 22:00, im Sommer auch später.

Auf den Tisch kommt, was jeweils in der Küche gerade fertig zubereitet wurde - ungeachtet dessen, ob der Gast die Pommes Frites zusammen mit dem gegrillten Fisch essen möchte. Sind die Pommes fertig, kommen sie auf den Tisch, zusammen mit Salat und anderen Vorspeisen, die bereit zum Servieren sind.

Da Griechen meistens mit Freunden zusammen essen, versteht es sich von selbst, dass man gemeinsam von einem Teller isst. Es werden möglichst viele verschiedene Leckereien bestellt, die in die Mitte des Tisches kommen. Auf diese Weise können alle von allem kosten und auch ein kleines Essen wird sofort zu einem Festschmaus. Wein *(krassì)* gehört zur Tafel und seine Maßeinheit ist Kilogramm. Sie müssen also *missò kilò* sagen, wenn Sie einen halben Liter bestellen wollen, und *èna kilò* für einen Liter.

Was viele Touristen befremdet, sind die Mengen, die vom Essen übrig bleiben, wenn Griechen einen Tisch verlassen haben. Oftmals bleibt mehr als die Hälfte zurück. Für mich ist dies mittlerweile verständlich unter folgendem Aspekt: Da das Essen wie gesagt im Mittelpunkt steht und meistens das ganze Freizeitvergnügen umfasst, soll dieses auch üppig sein. Wer will sich schon beim Freizeitvergnügen einschränken?

Abgeräumt wird erst, wenn die Rechnung bezahlt und die Gäste bereit zum Gehen sind. Dieses späte Abräumen des Tisches hat nichts mit Schlamperei zu tun. Es ist einfach so üblich und vielleicht hat ja im Verlaufe der Unterhaltung doch noch jemand Lust auf eine Gabel voll. Es ist nur für uns ungewohnt. Ein Grieche würde sich aufgefordert fühlen, das Lokal zu verlassen, wenn gleich nach dem Essen "klar Tisch" gemacht würde.

Die Bezahlung der Rechnung wird immer von einer einzigen Person übernommen. Ob diese Person nun Geld von den anderen Mitessern annimmt oder nicht, führt meistens zu heftigen und zum Teil länger andauernden und lauten Diskussionen. Dass jeder Gast einzeln und nur das, was er konsumiert hat, bezahlt, ist in Griechenland gänzlich unüblich und wird als *germanikò sìstema* (deutsches System) bezeichnet.

Die alten Griechen

Griechenland ist weit über seine Grenzen hinaus bekannt für seine Mythologie. Namen wie Zeus, Apollon, Poseidon, Odysseus oder die schöne Helena sind Ihnen sicher auch ein Begriff. Die Werke "Ilias" und "Odyssee" von Homer erzählen nicht nur die Mythologie, sie enthalten auch Ausführungen über das Leben der Vorfahren und das Treiben ihrer Götter. Dramatiker wie Aischylos, Sophokles und Euripides setzten die Mythen des Homer in Tragödien und Aristophanes in Lustspiele um, die noch heute alljährlich von Theatergruppen gespielt werden. Falls Sie im Sommer auf dem Peloponnes unterwegs sind, sollten Sie auf keinen Fall versäumen, eine solche Aufführung im Amphitheater von Epidaurus (💻 www.hellenicfestival.gr) oder im Sainopoulio-Theater (☏ 27310/82470) bei Sparta anzuschauen. Es ist ein besonderer Genuss, auch wenn Sie kein Wort verstehen sollten, da die meisten Stücke in Altgriechisch aufgeführt werden. Das Ambiente spricht jedoch für sich und zu Ihnen und Sie brauchen die Worte nicht unbedingt zu verstehen, um das Stück zu genießen.

Nicht nur Platon und Xenophon waren Schüler des weisen Sokrates. Viele Griechen beziehen sich im Leben des 3. Jahrtausends immer noch auf die Genies jener Zeit. "Wir haben die heutige Schrift erfunden, wir hatten die genialste Demokratie, wir haben die Sprache, aus der alle anderen Sprachen entstanden sind." Sätze, die ich immer wieder in unserer Nachbarschaft höre. Man kann ja stolz sein auf etwas, was zweifelsohne für die Entwicklung der europäischen Geschichte von entscheidender und nachhaltiger Bedeutung gewesen ist. Jedoch nach nunmehr 2.500 Jahren oder mehr kommt mir der Stolz auf diese Leistung ein wenig wie ein Ausruhen auf Lorbeeren vor. Aber vielleicht könnte ich Nachfolgendes wirklich nicht schreiben, wären die Vorfahren der heutigen Hellenen nicht gewesen.

Ca. 800 v.Chr., wurden auf der Basis des phönizischen Konsonanten-Alphabetes für einzelne griechische Sprachlaute zusätzliche Schriftzeichen hinzugefügt und ein eigenes griechisches Alphabet war geboren.

Homer benutzte dieses wenig später und begann, die bis dahin nur von Mund zu Mund weitergegebenen Heldensagen schriftlich in der "Ilias" festzuhalten, der ältesten literarischen Überlieferung in Europa. Dieses Werk besaß nicht nur literarischen Wert, sondern auch historischen Inhalt, denn 1870 gelang es Heinrich Schliemann, der die "Ilias" wie einen Fremdenführer benutzte, das versunkene Troja wieder zu entdecken. 2.000 Jahre vorher übernahmen die Römer das griechische Alphabet und machten daraus jenes, mit welchem Schliemann seine Entdeckungen niederschrieb; das lateinische Alphabet.

Auch Recht haben meine Nachbarn, wenn Sie sagen, dass die moderne Demokratie zu einem großen Teil bei den alten Griechen Fuß gefasst hat. Eine bedeutende Innovation war die sogenannte "Polis", ein Stadtstaat, eine gesellschaftliche Organisation also. Die Versammlung von freien Bürgern bestimmte in gemeinsamer Beratung die Politik. Zur "Präsidentenzeit" Solons (594/95 v.Chr.) wurde die Heliaia, das Volksgericht, gegründet, das den einzelnen Bürgern das Recht einräumte, gegen andere und den Stadtstaat zu klagen. Später wurde dann das Scherbengericht, auch "Ostrakismos", eingeführt. Der Sinn dieser Einrichtung war, dass ein machtgieriger Politiker keine Chancen haben sollte, die alleinige Herrschaft zu übernehmen. Den Namen des Mannes, dem solch unerwünschte Ambitionen nachgesagt wurden, ritzten die gewählten Bürger auf Muschelschalen (*òstrakos*) und Scherben, die dann eingesammelt wurden. Trugen genügend Muscheln und Scherben den besagten Namen, wurde der unbeliebte Politiker in die Verbannung geschickt.

Vergessen wird heute jedoch nur allzu gern, dass es sich bei den politischen Gebilden der Antike ausschließlich um einen "Männerklub" des Adels handelte, der nur einen kleinen Teil der Gesamtbevölkerung ausmachte und dessen Entscheidungen oft auf dem Buckel von Heerscharen von Sklaven aufgebaut waren. Außerdem hatten die Frauen in keiner Weise Mitspracherecht und kamen von Herd und Kindern kaum weg und hinaus in die Öffentlichkeit.

Improvisationstalent

Oftmals wird den Griechen eine gewisse Lethargie vorgeworfen in Bezug auf Erneuerungen: "Was für meinen Großvater gut war, ist auch für mich noch gut". Zu einem Teil mag dieser Charakterzug zutreffen, ganz sicher wenn es darum geht, zu improvisieren. Großvater hatte nicht die Möglichkeiten, dieses und jenes zu benutzen, weil ihm die (nicht nur finanziellen) Mittel fehlten. Es gab vieles nicht und es wird auch heute vom Enkel nicht gebraucht, obwohl es mittlerweile zu finden wäre.

Es gibt immer noch den Bauarbeiter, der als rechten Winkel, um eine Betonplatte einzuschalen, seine Zigarettenschachtel benutzt; oder den Automechaniker, der zur Verstärkung der Aufhängung eines Fiats die Blattfedern eines Nissans einbaut. Aus alten Gasflaschen werden Heizöfen zusammengeschweißt; oder von einem nicht mehr fahrbaren Pritschenwagen wird die Pritsche abgetrennt und zu einem praktischen Traktoranhänger umfunktioniert.

Eine große Plattform für das Improvisieren bilden auch die Gesetze. Griechenland gehört zu den EU-Ländern mit den meisten Gesetzen. Und es gehört auch zu den Ländern, in denen die Leute die meisten Lösungen finden, um diese zu umgehen oder auszunutzen. "Nach dem Motto": Der Mensch kommt vor dem Staat und nicht umgekehrt, wird um die Gesetze herum improvisiert.

So gibt es Steuererleichterungen, solange ein Wohnhaus nicht fertig gebaut ist. Ein zweistöckiges Haus gilt als nicht fertig, wenn die untere Etage keine Mauern aufzuweisen hat. Als Lagerplatz für Stroh oder Olivenfässer reicht es jedoch völlig aus. Auch nicht fertig ist ein Haus, wenn auf dem Flachdach noch Betonsäulen mit herausragenden Armierungseisen sind, die später einmal eine zweite Etage tragen sollen. Mit anderen Worten, diese Häuser werden nie fertig und so gibt es Steuererleichterungen.

Auch Schwarzhändler mit ihren innerhalb von Sekunden zusammengepackten Verkaufsständen sind vor allem in den Städten ein Bild des Alltags. "Von was sollen die denn sonst leben", wird sich mancher Polizist denken, der sie verscheucht. "Besser so, als dass sie kriminell werden", denkt sich vielleicht sein Partner, mit dem er auf Streife ist und beide ziehen langsamen Schrittes weiter.

In anderen Belangen sind viele Griechen gezwungen zu improvisieren. In Sachen Lebensunterhalt zum Beispiel. Oft reicht der eigentliche Beruf nicht aus, um ein angenehmes Leben finanzieren zu können, und es braucht einen auf improvisierter Basis beruhenden Nebenjob. So wird der Bankangestellte nach Feierabend zum Hühnerzüchter, oder der Postbeamte grillt am Abend Souvlakis in der familieneigenen Taverne. Der Fischer fährt am Morgen mit dem Boot hinaus und am Nachmittag gibt er Surfunterricht, oder die

Sekretärin bei der Telefongesellschaft druckt am Morgen Rechnungen und am Abend ist sie Babysitter.

Improvisation zeigt sich auch noch in einem anderen Bereich der Wirtschaft. In keinem Land der EU ist der prozentuale Anteil von Selbstständigen im Vergleich zu abhängigen Beschäftigten so hoch wie in Griechenland, obwohl die Auswahlmöglichkeiten einen Beruf zu erlernen eher im unteren Bereich des EU-Durchschnittes liegen. Die Hemmschwelle, sich auch ohne Erlernen eines Berufes selbstständig zu machen, ist jedoch tiefer als anderswo.

Alles ist möglich in Griechenland

Religion

Etwa 97 % der griechischen Bevölkerung gehört der griechisch-orthodoxen Kirche an. Alle anderen von Griechen praktizierten Religionsrichtungen sind somit eine unbedeutende Minderheit.

Doch auch wie in der westlichen Kirche kämpft der Klerus gegen eine Verödung der Kirchen. Oftmals sieht sich der Pope *(Papàs)* am Sonntag in der

Kirche nur einigen alten Leuten gegenüber oder er ist gar ganz allein. Außer an Ostern - da ist jede Kirche zum Bersten voll, weil fast jeder Grieche der Messe beiwohnt. Die Messen verlaufen dann auch meist in einem ungezwungenen Stil. Man plaudert mit dem Nachbarn, geht rein und raus, wie es einem beliebt, und oftmals warten die Männer die ganze Zeit über draußen, bis auch ihre Frauen die Kirche verlassen.

Der Pope wird allgemein als Bestandteil des täglichen Lebens angesehen und man trifft sich mit ihm auch in einem Kafenion, um bei einem Ouzo über Gott und die Welt zu plaudern. Sein Outfit ist unübersehbar und seine schwarze Kutte darf er nur zu Hause ablegen oder gegen eine blaue "Arbeitskutte" austauschen. Die langen Haare sind zu einem Knoten zusammengebunden und der schwarze "Zylinder" (*Kalimvàki)* bedeckt den Kopf, während sein rauschender Bart im Wind weht. Er untersteht nicht dem Zölibat und darf vor dem Empfang der Weihe heiraten. Für höhere Hierarchien wie Bischöfe und Mönche gilt das Zölibat.

Die orthodoxe Kirche kümmert sich nur wenig um soziale Tätigkeiten und das Wohlergehen ihrer Anhänger. Ihre Aufgabe ist die Vorbereitung der Seele auf das ewige Leben und daran hat sich seit der Wiederholung des Konzils von Nikäa (843 n.Chr.) nichts mehr geändert. Eine Predigt im Sinne einer westlichen Kirche gibt es nur selten. Es werden Liturgien, die unverändert seit mehr als 1.000 Jahren bestehen, gelesen und mit vielen Zeremonien und Weihrauch begleitet. Die Psalmen werden heute noch im altertümlichen Griechisch des 3. Jh.v.Chr. gesungen und eine instrumentale Begleitung entfällt gänzlich.

Während der 400-jährigen Türkenherrschaft leistete die griechisch-orthodoxe Kirche einen äußerst großen Beitrag als Hüterin der Sprache, Kunst, Kultur und Religion. Ohne diesen Einsatz wäre ein Großteil des Griechentums vergessen worden und verloren gegangen. Viele Kapellen zeugen heute noch von Versuchen der türkischen Besatzer, die Stellung der orthodoxen Kirche zu erweichen, auch wenn in Griechenland niemand gezwungen wurde, zum Islam zu konvertieren. So wurden auf Fresken die Augen der Heiligen "ausgekratzt" und mich persönlich schauert es, wenn ich zu lange in diese augenlosen Gesichter blicke.

Eine Kirchensteuer gibt es nicht, und die Mitglieder des Klerus beziehen ihr Gehalt direkt vom Staat. Dies ist auch Ausdruck der immer noch sehr starken Verflechtung von Staat und Kirche. Die Kirche möchte sich ihre Wichtigkeit in Staatsangelegenheiten auf keinen Fall streitig machen lassen. Dies zeigte sich auch in dem jüngsten Zwist um die Streichung der früher obligatorischen Eintragung der Religionszugehörigkeit im Personalausweis.

Auch die Eröffnung eines Ladens, einer Taverne, eines Hotels oder was auch immer ist undenkbar ohne die vorherige Weihung durch den Popen. Und der Metropolit von Athen führt die neugewählte Regierung in ihr Amt ein.

Noch ein paar Eigenheiten

Der böse Blick

Immer noch weit verbreitet in Griechenland ist der Glaube an den bösen Blick. Ob es Aberglaube ist oder nicht, sei dahingestellt. Bauchschmerzen mitten am Tag? Das Kleinkind kann nicht schlafen und weint die ganze Nacht? Nach einer halben Stunde Suche keinen Parkplatz gefunden? Kopfweh am Morgen nach einer alkoholintensiven Nacht? Die Antwort darauf könnte der "böse Blick" sein, der uns das alles eingebrockt hat. Dagegen hilft ein Glasauge, tiefblau mit weißer Iris, das in allen Größen und Variationen in Souvenirläden zu finden ist. Ein solches Auge im Zimmer aufgehängt, am Rückspiegel des Autos baumelnd, am Kinderwagen platziert oder als Kette um den Hals gehängt, hilft den bösen Blick abzuwehren.

Es kann Ihnen passieren, wenn Sie sich über ein Kleinkind in einem Kinderwagen beugen oder sich an einem Kind an der Hand seiner Mutter erfreuen, dass die Mutter nach kurzer Zeit das Kind abrupt vor dem "bösen Blick" schützen will und es aus Ihrem Blickfeld führt - nehmen Sie es nicht persönlich!

Das schnelle Geld

Griechen sind Spielernaturen und Griechenland gehört zu den spielfreudigsten Nationen der Welt. 2006 beliefen sich laut Medienberichten die Ausgaben für legale Glücksspiele auf etwa 8 Mrd. Euro, also etwa 730 Euro pro Kopf, wobei bei dieser Rechnung alle Einwohner mit eingeschlossen sind. Nimmt man nur die Anzahl derer, die wirklich auch Glücksspielen nachgehen, ergibt sich eine Pro-Kopf-Ausgabe, die weit über dem durchschnittlichen Monatsgehalt eines höheren Beamten liegt.

Die meisten Ortschaften haben auch ihre "Zocker-Kneipen": Kafenions mit mindestens einem, meist jedoch mehreren, runden und mit grünem Filz bezogenen Tischen. Hier geht es vor allem gegen Jahresende überschwänglich zu, denn es bringt Unglück, mit "altem Geld" ins neue Jahr zu gehen. Klar, die Gewinner einer durchspielten Nacht sehen das anders.

Die Börsenturbulenzen von 1999 in Athen hatten große Wellen geschlagen in Griechenland. Ein Bekannter hatte von einem Bekannten gehört, dass der Onkel eines anderen Bekannten mit einer einzigen Investition an der Börse in einer Nacht das Dreifache "verdient" hatte. Ähnliche Informationen reichten aus, um anstatt ein Landeslotterielos zu kaufen, das Geld in Aktienanteile an die Börse zu transferieren, jedoch mit dem kleinen Unterschied, dass noch zwei, drei oder mehr Nullen an den Betrag gehängt wurden. Die Börse wurde als Glücksspielplattform für den kleinen Mann von der Straße betrachtet und von denen haben dann auch etliche Hab und Gut verloren. Vor allem, wenn sie sich zusätzlich noch unseriösen Zwischenleuten anvertrauten. Heute wird die Börse vor allem wieder von professionellen Brokern besucht und von Glücksspielern, die aus Schaden klug geworden sind, gemieden.

Das Komboloi

In sehr vielen Männerhänden schlägt es auf und ab, hin und her, oder einzelne Kügelchen rollen die Schnur hinunter und landen mit einem "Klack" auf dem nächsten Kügelchen. Die Rede ist vom Komboloi, einem Zeitvertrieb für die Hände. Es handelt sich dabei ursprünglich um eine muslimische Gebetsschnur mit Knoten (*kòmbos*), ein Erbe der Türken. Für jeden Knoten, den man durch die Hand gehen ließ wurde ein Gebet aufgesagt (*lèo* = sagen). Die Zusammenlegung der beiden Wörter ergab Komboloi. Heute betet jedoch kaum noch jemand im Rhythmus der Kügelchen, die durch die Hände rollen. Kombolois gibt es in allen Varianten und Größen mit 2 bis 33 Kügelchen in Kiosken oder Souvenirläden zu kaufen. Das "richtige" Komboloi hat eine vorgeschriebene Anzahl von Kugeln und diese ist stets ein Vielfaches von vier plus eins. Zum Beispiel zwei mal vier plus eins, also neun Kugeln, oder acht mal vier plus eins, also dreiunddreißig Kugeln. Zudem ist das Komboloi eines echten Kenners nicht aus Kunststoff oder ordinärem Holz, sondern aus edleren Materialien wie Bernstein, seltenen Hölzern oder Elfenbein. Diese sind dann auch nicht mehr am Kiosk erhältlich, sondern zum Kauf begibt man sich in einen Schmuck- oder speziellen Komboloiladen- und muss dafür auch dementsprechend tief in die Tasche greifen.

Abfall

Abfallberge am Ortseingang, Müllkippen in Flussläufen, Abwässer von ganzen Orten, die direkt ins Meer führen, von all dem gibt es genug auf dem Peloponnes und in ganz Griechenland. Die ganzen Auswüchse der modernen Zivilisation gehen nicht spurlos an Griechenland vorbei, im Gegenteil: Sie hinterlassen überall deutliche Spuren. Im Europa des 3. Jahrtausends dürften solche Zustände eigentlich nicht mehr herrschen - müsste man meinen. Von der technologischen Seite her betrachtet stimmt das wohl auch. Nur, um den Sinn einer Technologie einzusehen, die Müll schadstoffarm verbrennt oder anderweitig entsorgt oder Abwässer reinigt, bevor sie ins Meer

Der steht schon etwas länger da

geleitet werden, braucht es auch ein Bewusstsein - ein Umweltbewusstsein. Ein solches muss jedoch von innen wachsen und kann nicht von außen aufgezwängt werden. Es nützt nichts, mit dem Finger auf für unsere Augen unhaltbare Zustände zu zeigen und lautstark zu sagen, dass "man es besser weiß". Da fühlt sich die Mehrheit der Griechen sofort in die Enge getrieben und ein möglicher Verbesserungsvorschlag wird nicht als Hilfe, sondern als Angriff aufgefasst, und gegen Angriffe will sich jeder wehren. Das Sich-zur-Wehr-Setzen endet jedoch meistens mit dem Wegwischen einer anderen Meinung zugunsten des eigenen Stolzes. Ein Umweltbewusstsein kann sich nur über ein Wachsen der eigenen Empfindungen der Umwelt gegenüber entwickeln.

Dazu braucht es Menschen, die dies vorleben, ohne das Nichtvorhandensein eines solchen Bewusstseins zu verurteilen. Engagierte Leute in den Schulen und in der Politik, die es den Schulen erlauben, solche Belange in die Erziehung einfließen zu lassen. Engagierte Leute, die beweisen, dass es Wege hin zu einer Verbesserung gibt, ohne sich selbst etwas beweisen zu müssen.

Anfänge in eine positive Richtung werden in Griechenland in den letzten Jahren immer sichtbarer, auch wenn es sich noch um den berühmten Tropfen auf den heißen Stein handelt.

Ich habe einmal etwas gelesen, das in diesem Zusammenhang sehr treffend ist, und möchte es als Abschluss zum Thema Abfall weitergeben:

Vor 30 Jahren war Abfall in Griechenland kein Problem, weil es nur wenig davon gab. Heute ist es ein Problem, dass es für die Griechen immer noch kein Problem ist.

Kapellen

Vor allem auf dem Lande und in Dörfern werden Sie häufig auf kleinere oder größere Kapellen stoßen. Diese sind meistens in Familienbesitz und einem Heiligen gewidmet, der in besonderer Weise ein Familienmitglied beschützt hat oder die Hand über den Beruf des Erbauers legen soll. Seeleute zum Beispiel haben den heiligen Nikolaos als Schutzpatron, Landwirte den heiligen Demetrios. Auch als Reue für begangene Sünden wurde zum Teil tief in die Tasche gegriffen und ein geeigneter Schutzpatron gesucht, für den dann eine Kapelle errichtet wurde.

Viele Kapellen stehen auch auf einem Berggipfel oder einer Anhöhe und verkörpern den Schutz des Propheten Elias, der dem Sonnengott Ilios folgte. Der Tag des Schutzpatrons ist immer mit einem Fest verbunden und deshalb sind viele auch abgelegene Kapellen motorisiert erreichbar. Verwandte, Freunde, Nachbarn und Bekannte werden eingeladen, um meistens unter freiem Himmel zu feiern, nachdem der Pope eine Messe gehalten hat.

Die unzähligen Ikonenhäuschen am Weg- und Straßenrand sind ebenfalls Privateigentum. Sie sind Zeugen einer in den letzen Jahrzehnten enorm angewachsenen Motorisierung und gedenken oft tödlich verlaufener Unfälle. Die kleinen Gedenkstätten sind bestückt mit Bildern der Opfer und des Schutzheiligen, Blumen, Olivenöl, Honig, einem ewigen Licht und vielem mehr.

Lärmunempfindlichkeit

Auffallend in Griechenland ist der allgemein hohe Lärmpegel, wann immer sich mehr als zwei Leute zusammenfinden. Lautstark geführte Diskussionen auf der Straße, in einem Lokal oder auch am Handy sind normal und alltäglich.

Es wird nicht wie in nördlichen Gegenden versucht, bloß nicht störend aufzufallen, im Gegenteil. Es darf jeder erfahren, wie es einem im Moment zumute ist. Ist man aufgeregt, bekommen das auch die Tischnachbarn mit. Ist man nicht einverstanden mit der Meinung des anderen, wird dies lautstark mitgeteilt, ungeachtet ob noch andere Ohren mithören.

Ein laufender Fernseher oder Radio in einem Lokal ist in der Regel so laut, dass der herrschende Gesprächspegel noch übertroffen wird. Es könnte ja sein, dass sich jemand mehr für die Nachrichten interessiert, als für die Mitteilungen des Tischnachbarn.

Die Dorfjugend lärmt mit ihren auf Schall "getunten" Mopeds um den Dorfplatz, wirklich aufregen tut sich niemand darüber, und die bevorzugten Wohngegenden befinden sich oft direkt an einer Hauptstraße oder rund um einen Tag und Nacht belebten Platz. Die Teilnahme mitten am Puls des Lebens ist gefragt und nicht das Zurückziehen in die Einsamkeit.

Wenn ich jeweils ein Hotelzimmer mit Fenster nach hinten und nicht mit Balkon auf die Hauptstraße hin möchte, setze ich mich meistens einem verständnislosen Blick aus.

Musik

Der Hang zu Musik ist bei den Griechen äußerst ausgeprägt und Musik aller Stilrichtungen besitzt einen sehr hohen Stellenwert im kulturellen Leben des ganzen Landes. Der Import von ausländischen Musiktiteln ist zwar hoch, am meisten jedoch "geht die Post ab", wenn griechische Klänge den Ohren des Zuhörers schmeicheln. Sei dies nun in der Diskothek, im Rock-Café, in der Taverne oder im Kafenion - sowie von ausländischer auf griechische Musik umgestellt wird, wird mitgesungen oder mindestens mitgesummt.

Die Palette griechischer Volksmusik ist enorm groß und erreicht sämtliche Altersschichten. Erstaunlich viele, auch junge und sehr junge Leute, kennen die Texte der Lieder auswendig und dies nicht nur, weil ihnen Griechisch mehr liegt als zum Beispiel Englisch. Es geht um eine Identifizierung mit dem Rhythmus. Ein Rhythmus, der für viele Nichtgriechen ungewohnt ist, Griechen jedoch direkt ins Herz oder in den Bauch geht. Wer sich dann zusätzlich noch mit dem Text identifizieren kann, der fühlt sich zu Hause. Ist die Stimmung noch ein klein wenig ausgelassener, wird auch spontan zum Tanz übergegangen. Und auch hier kennen Jung und Alt die Schritte der vielen verschiedenen Volkstänze. Wer kennt nicht Alexis Zorbas ... es gibt ihn immer noch bei vielen spontanen, kleinen Festen, auch wenn er vielleicht nicht Alexis, sondern Lakis, Kostas oder Takis heißt.

Der bekannteste griechische Komponist ist bis heute sicherlich Mikis Theodorakis und er hat eine Fangemeinde in der ganzen Welt. Während der Militärdiktatur war er, der antifaschistischen Texte seiner Kompositionen wegen, durch die Junta gezwungen, im Ausland zu leben. Seine Lieder waren in Griechenland verboten. Bei einem meiner Besuche in der Staatsoper in Athen war Mikis Theodorakis als geladener Gast dabei. Als ihn die Leute entdeckten, ging ein Raunen durch den gefüllten Saal und er bekam eine minutenlang dauernde Standing-Ovation, ohne dass er vorher auch nur ein Wort sagte. Ein ergreifendes Erlebnis!

Zeit

Der Tag ist in Griechenland wie überall in 24 Stunden eingeteilt. Nur der Umgang mit dem Zeitbegriff unterscheidet sich erheblich vom mitteleuropäischen Durchschnitt. Ein von jemandem beschriebener Ort befindet sich zehn Minuten weit entfernt; wenn man den Weg unter die Füße nimmt, kommt man eine halbe Stunde später dort an. Ein Treffen findet um 18:00 statt. Das heißt für viele, ich beginne um 18:00, mich bereit zu machen, für das Treffen. Wenn jedoch zwischen zu Hause und dem Treffpunkt noch eine Wegstunde liegt, wird das Treffen erst um 19:00 stattfinden.

"Komm morgen vorbei", darf nicht wörtlich genommen werden, will man nicht fünf Mal hintereinander "morgen vorbeikommen". Der Ausdruck *metàvrio* heißt wörtlich übersetzt übermorgen. Wer ihn wörtlich nimmt, wird enttäuscht werden. *Metàvrio* heißt so viel wie "später, ich weiß nicht genau wann. Vielleicht in fünf Tagen, vielleicht in zwei Monaten", und vielleicht vergisst man es, und dann heißt es nie.

Dasselbe gilt für *prochtès*, was wörtlich übersetzt vorgestern heisst. Vorgestern kann aber auch vor einem Jahr gewesen sein.

An vielen Kirchtürmen thront eine Uhr, jedoch nur ein kleiner Prozentsatz der Zeiger drehen sich und auch dann kann man sich nicht auf die angezeigte Uhrzeit verlassen. Zeit spielt in Griechenland keine übergeordnete Rolle, sie ist einfach da.

Bege(h)gnung

Reise-Infos von A bis Z

Auf der Hochebene mit dem Taygetos im Hintergrund

Anreise

Nach Griechenland zu kommen, ist heute kein Problem mehr. Das Land der Götter wird jährlich von etwa 10 Mio. Touristen besucht, dies entspricht in etwa der Einwohnerzahl des Landes. Sie müssen sich nur die Frage beantworten, wie Sie nach Hellas reisen möchten.

Mit dem Flugzeug nach Athen? Am besten über ein Reisebüro, Internetanbieter für Flüge oder direkt bei Fluggesellschaften buchen.

💻 www.ebookers.com, www.easyjet.com, www.germanwings.com, www.airlinetickets.de

Mit dem eigenen Fahrzeug? Am einfachsten in Italien nach Venedig, Ancona, Brindisi oder Bari fahren und dort mit einer der zahlreichen Fähren nach Patras (Peloponnes) übersetzen. Fahrpläne und Buchung über Ihr Reisebüro oder direkt bei den Fährunternehmen, die alle unter 💻 www.ferries.gr aufgeführt sind. Die Seite ist auch in englischer Sprache und enthält eine Direktbuchungsmöglichkeit für sämtliche Fähren.

Mit dem Zug? Machbar durch den Balkan bis Athen. Wenn Sie viel Zeit für die Anreise investieren möchten, ist diese Variante mit ca. 40 planmäßigen Stunden Zugfahrt, über Zagreb und Thessaloniki, möglich. Verspätungen und verpasste Anschlüsse nicht mit eingerechnet.

Die einfachere Variante ist, mit dem Zug zu einem der italienischen Fährhäfen zu fahren und von dort mit dem Schiff weiter nach Patras.

💻 www.bahn.de, www.sbb.ch, www.oebb.at

Für die Anfahrt zum Ausgangsort Diakofto, ☞ Kapitel Wandertouren.

Ärztliche Versorgung

Die ärztliche Versorgung in Griechenland ist besser als ihr Ruf. Viele Ärzte haben im Ausland studiert und sprechen daher auch englisch, deutsch oder französisch. Zumindest in den Provinzhauptstädten gibt es Krankenhäuser. In den kleineren Orten findet man in den sogenannten Health Centers (*κέντρο υγείας, kèntro igìas*) Erste Hilfe. Die Telefonnummern finden Sie jeweils bei den einzelnen Wanderrouten. Die Institutionen sind staatlich und ambulante Behandlungen sind für Ausländer in der Regel kostenlos. Der behandelnde Arzt sagt jedoch nie nein zu einem hingestreckten Schein.

Die Telefonnummer der Ambulanz (*Athenofòros*) ist für ganz Griechenland ☏ 166.

Ausrüstung

Da die Tour auch über gebirgige Strecken führt, empfehle ich feste, solide Wanderschuhe die bis über die Knöchel gehen. Als Zweitschuhe eignen sich sehr gut Trekkingsandalen. Diese sind leicht, nehmen nicht allzu viel Platz im Rucksack weg und können auch über längere Strecken Asphalt und Traktorwege eine bequeme Alternative sein. Leichte Plastiksandalen oder Slippers sind vorteilhaft für den Aufenthalt in Hotels oder Pensionen. Im Frühjahr und Herbst kann es in höheren Lagen abends noch ziemlich abkühlen, ein leichter Pullover ist da von Vorteil. Auch Regen ist nicht ausgeschlossen. Neben dem persönlichen Schutz, sollten Sie ebenfalls an einen guten Regenschutz für den Rucksack denken. Es kann ziemlich unangenehm werden, wenn die Ersatzkleider nass geworden sind …

Wer im eigenen Zelt übernachtet, für den reicht ein leichter Schlafsack zusammen mit einer Isoliermatte aus. Selbstaufblasende Matten sind in der Regel ziemlich sperrig und schwerer, erhöhen jedoch den Schlafkomfort. Wer selber kocht, sei dies mit Gas oder Benzinkocher, bitte *sehr, sehr* vorsichtig sein! Vor allem im Herbst darf die Waldbrandgefahr nicht unterschätzt werden und im Sommer ist offenes Feuer jeglicher Art im Freien verboten.

Ausweispapiere

Für EU-Bürger und Schweizer reicht ein Personalausweis, einen Pass bei sich zu tragen, kann jedoch nicht schaden.

Autofahrer müssen Führerschein und Fahrzeugschein vorweisen können, Fotokopien werden nicht anerkannt. Auch wenn die grüne Versicherungskarte nicht mehr obligatorisch ist, empfiehlt es sich, eine solche dabeizuhaben. Sie kann bei Kontrollen helfen, schneller weiterfahren zu können, denn den vielleicht unwissenden Polizisten zu überzeugen, dass es wirklich keine Versicherungskarte braucht, ist viel zeitaufwändiger, als ihm das Papier zu zeigen. Außerdem kann sie bei einem Unfall hilfreich sein.

Diebstahl

Wenn Griechen nachgesagt wird, sie seien nur auf ihren eigenen Vorteil aus und würden dafür jeden übers Ohr hauen, ist dies eine Pauschalisierung, von der Sie sich distanzieren sollten. Außerdem braucht es auch den, der sich übers Ohr hauen lässt.

In den Städten gibt es natürlich auch die Auswüchse einer modernen Gesellschaft, wie Drogenbeschaffungskriminalität u.a. In Sachen Diebstahl werden Sie jedoch eher erleben, dass Ihnen ein liegen gelassener Fotoapparat nachgetragen, als gestohlen wird. Stehlen, im Sinne von jemandem sein Eigentum entreißen, hat bei den Griechen keinen Platz im Ehrenkodex und wer es trotzdem tut, wird allgemein geächtet.

Diplomatische Vertretungen

Die Hauptsitze aller Botschaften liegen in Athen. Im Notfall können Sie sich in Ihrer Landessprache an diese wenden.

Deutschland

Ⓓ Botschaft: Karaoli Dimitrion 3, 10675 Athen, telefonische Auskünfte Mo bis Do 7:00 bis 17:00, Fr bis 15:30, ☏ 210/7285111

♦ Konsulat: Odos Mezonos 98, 26221 Patras, telefonische Auskünfte Mo bis Fr 9:00 bis 14:00, ☏ 2610/221943

Österreich

Ⓐ Vasilisis Sofias 4, 10671 Athen, telefonische Auskünfte Mo bis Fr 8:00 bis 16:00, ☏ 210/7257270

Schweiz

(CH) Odos Iasiou 2, 11521 Athen, telefonische Auskünfte Mo bis Do 7:30 bis 16:00, Fr bis 13:00, ☎ 210/7230364

Essen und Trinken

In den Orten die durchwandert werden, gibt es Einkaufsmöglichkeiten. Wo dies nicht der Fall ist, ist es im Text der entsprechenden Wanderroute erwähnt. Oftmals bietet in kleinen Orten ein Kafenion die einzige Einkaufsmöglichkeit für kleinere Einkäufe des täglichen Bedarfs. In den Ortschaften gibt es auch oftmals Brunnen oder öffentliche Wasserhähne, an denen der Wasservorrat wieder aufgefüllt werden kann. Ist dies nicht der Fall, werden allerorten 0,5 (ca. € 0,50) und 1,5 (ca. € 1) Liter-Petflaschen mit Mineralwasser verkauft. In den Bergen gibt es viele Quellen, von denen das Wasser direkt ab "Hahn" getrunken werden kann. Diese sind namentlich im Text der einzelnen Wanderrouten erwähnt.

Während der Tagestouren empfehle ich Ihnen, sich aus dem Rucksack zu verpflegen. Restaurants, Tavernen oder Kafenions die auch Mittags-Gerichte anbieten sind auf dieser Tour eher selten und es ist nicht immer verlässlich, dass die Töpfe auch gefüllt sind.

Ein Abendessen mit Getränken in einer Taverne schlägt mit ca. € 10 bis 15 pro Person zu Buche. Fischgerichte sind, obwohl Griechenland von Meer umgeben ist, Luxusessen und dementsprechend teurer. Die Ausnahme bilden kleine, frittierte Fische (*gavròs*), in der Größe und Geschmack von Sardinen, welche an vielen Orten erhältlich und günstig sind (☞ auch Kapitel Land und Leute - Essen).

Feiertage und Feste

Feiertage sind für Griechen immer ein willkommener Anlass, um sich ausgiebig zu amüsieren. Es gibt nicht nur einen Nationalfeiertag, es sind derer zwei. Sehr viele lokale Feste, meist mit religiösem oder historischem Hintergrund, würzen den Alltag. Mit Essen, Trinken, Musik und Tanz wird bis weit in die

Nacht hinein gefeiert, oftmals auch über zwei oder mehr Tage. Fremde sind dabei herzlich willkommen.

Der Geburtstag hat nur einen sehr untergeordneten Stellenwert. Das Alter wird nicht gefeiert, jedoch der Namenstag. So auch bei den vielen Kirchenfesten. Es wird dem Heiligen der Kirche gehuldigt und nicht dem Entstehungsdatum oder Tag der Kirche.

Die wichtigsten Feiertage sind:

1. Januar	Neujahr, *pròti chronià*
6. Januar	Dreikönigstag, *epifània*
Rosenmontag	*Kathari deftèra,* beweglicher Feiertag, je nach Datum von Ostern. Beginn der Fastenzeit, *nistìa.*
25. März	Nationalfeiertag, Unabhängigkeitstag zur Erinnerung an den Aufstand von 1821 gegen die Türken. Gleichzeitig ist es ein kirchlicher Feiertag, die "Verkündigung des Herrn", *evangelismòs.*
Ostern	*Pàs-cha* - das größte aller Feste in Griechenland. Ein Erlebnis! Es wird nach vielhundertjähriger Tradition gefeiert, richtet sich nach dem Julianischen Kalender und hängt vom jüdischen Passahfest ab, welches sich nach dem Vollmond richtet. Griechisch-orthodoxe Ostern findet am Sonntag nach dem ersten Vollmond nach Frühlingsbeginn (21. März) statt, sofern das Passahfest schon gefeiert wurde. Ist dies nicht der Fall, so wartet man bis zum nächsten Vollmond. Fällt dieser weniger als sieben Tage vor einen Sonntag, ist Ostern erst am darauffolgenden Sonntag. Daher ergeben sich Abweichungen zu der westlichen Kirche, die sich nach dem Gregorianischen Kalender richtet.
1. Mai	Tag der Arbeit, *protomaià*
Pfingsten	*Pentikostì,* beweglicher Feiertag, je nach Ostern.
15. August	Mariä Himmelfahrt, *kimithì tis Thetòkou,* was die Entschlafung Marias bedeutet. Die eigentliche Himmelfahrt

	findet für die griechisch-orthodoxe Kirche erst drei Tage später statt. Gedenkt wird somit dem Tode Marias.
28. Oktober	Ochi(Nein)-Tag, *epètios tou òchi*, der zweite Nationalfeiertag zum Gedenken an das Nein zum von Mussolini gestellten Ultimatum der Faschisten im Zweiten Weltkrieg.
25./26. Dezember	Weihnachten, *christoùgena* (Christi Geburt)

Fotografieren

Fotografieren ist nur bei militärischen Anlagen verboten. In archäologischen Stätten sowie in den meisten Museen ist der Einsatz von Blitz und zum Teil auch von Stativen nicht erlaubt. Informieren Sie sich jeweils bei den Angestellten der Stätten.

Griechen lassen sich in der Regel gern fotografieren. Tun Sie dies offiziell, indem Sie sich bemerkbar machen und fragen, wenn zum Beispiel das Portrait einer hundertjährigen Frau mit ihrem Esel Sie fasziniert. Bei einem eindeutigen "Nein" akzeptieren Sie es! Die ältere Generation würde sich oftmals gerne vor dem Fotografiertwerden umziehen, um nicht "so schäbig" abgelichtet zu werden. Respektieren Sie diesen Wunsch und verzichten Sie auf ein Foto.

Gastfreundschaft

Vor allem auf dem Lande ist die sprichwörtliche Gastfreundschaft der Griechen immer noch vorhanden und wird auch ernst genommen. Es ist ein uneigennütziges Verhalten, eine Ehre und eine Verwurzelung in der Mentalität, den Fremden als Gast aufzunehmen. Nehmen Sie Einladungen an! Trauen Sie sich in die Stube eines Gastgebers zu gehen, es bringt Ihnen unvergessliche Erlebnisse. Beherzigen Sie dabei jedoch den Grundsatz:

"Der Gast ist König, jedoch nur so lange, wie er sich auch königlich verhält", und verwechseln Sie dabei König nicht mit Unterdrücker, Feldherr oder Diktator.

Leider wurde im Zuge des Massentourismus sehr viel unwiederbringlich kaputt gemacht in dieser Hinsicht. Dies, weil der "Gast" die Uneigennützigkeit des Gastgebers als seinen Vorteil betrachtete und Einladungen als "Sparen von Reisebudget" im Voraus einplante. Gratis essen, übernachten und weiterziehen zum nächsten, den man hinterher auslachen kann.

Tragen Sie dazu bei, dass der Fremde wieder allerorten als gern gesehener Gast und nicht nur als Überbringer von Devisen angesehen wird. Ein Foto von Ihnen und dem Gastgeber erfreut in den meisten Fällen auch den Gastgeber. Sagen Sie nicht nur, dass Sie nach der Rückkehr einen Abzug schicken werden, tun Sie es auch. Ihr Gastgeber wird es in Ehren halten und gern herumzeigen.

Informationen

Die griechische Zentrale für Fremdenverkehr unterhält in Deutschland drei, in Österreich und der Schweiz je ein Büro. Hier können Sie, von allgemeinen Informationen über Griechenland bis hin zu konkreten Reiseangeboten, eine große Palette von Informationen in Anspruch nehmen. Auf Anfrage hin wird das Material auch per Post verschickt.

Deutschland

Ⓓ 10789 Berlin, Wittenbergplatz 3a, ☏ 030/2176262-63

♦ 60311 Frankfurt, Neue Mainzerstraße 22, ☏ 069/257827-0

♦ 20354 Hamburg, Neuer Wall 18, ☏ 040/454404

Österreich

Ⓐ 1010 Wien, Opernring 8, ☏ 01/5125317

Schweiz

(CH) 8001 Zürich, Löwenstraße 25, ☏ 044/2210105

In Griechenland ist der *Ellinikòs, Organismòs Tourismoù* (EOT) zuständig und unterhält zumindest in jeder Provinzhauptstadt ein Büro. Auch die Touristenpolizei bemüht sich um die Belange der Touristen und hat Büros in jedem größeren Ort. Informationen über Griechenland sind auch haufenweise im Internet abrufbar. Hier eine kleine Auswahl:

💻 www.gtpnet.com, www.eot.gr, www.griechenland.de.

Karten

Die Auswahl an Karten für Griechenland wird immer größer, trotzdem muss der Tatsache Rechnung getragen werden, dass auch die neuesten Ausgaben nicht unbedingt aktuell sind. Dies ist teils verursacht durch viele Traktorwege, die nirgends aufgeführt sind.

Auch gibt es in Griechenland noch kein offizielles, flächendeckendes Kataster, an dem sich Kartenzeichner über solche "Details" orientieren könnten. Neuauflagen stützen sich allzu oft auf die alten Ausgaben, anstatt auf neue Begebenheiten und Änderungen. Außerdem braucht es lange, bis diese als solche (an)erkannt werden.

Von der beschränkten Auswahl an Karten, haben sich als empfehlenswert die Ausgaben der Anbieter *Anavasi* und *Road Editions* herauskristallisiert. Auf beiden Karten "Peloponnes 1:250.000" ist der E4 auf seiner ganzen Länge eingezeichnet, wobei auch hier gewisse Teilabschnitte nicht (mehr) der Realität entsprechen.

Für die Berggebiete Helmos, Parnon, Menalo und Taygetos gibt es auch Ausgaben im Maßstab 1:50.000.

Die Karten können im Vorfeld über E-Shop über folgende Internetseiten, jeweils auch in englischer Sprache, bezogen werden:

- *Anavasi* 💻 http://www.mountains.gr/en,
- *Road Editions* 💻 http://www.road.gr,
- sowie über jede größere Buchhandlung in Ihrem Wohnland.

Kiosk - perìptero

Eine weitere Informationsquelle vor Ort sind auch die *perìpteros*. Hier werden nicht nur Zigaretten, Zeitungen, Zeitschriften und Süßigkeiten verkauft. Man kriegt dort auch alle kleinen Dinge des Lebens von Getränken über

Fotoartikel, Batterien, Zwischenmahlzeiten, DVDs und Souvenirs bis hin zu Shampoo, Toilettenpapier, Rasierklingen und Aspirin, auch wenn alle anderen Läden geschlossen sind. Sie sind ein Bestandteil der griechischen Infrastruktur eines jeden Ortes. Ohne sie würde auch eine Anlaufstelle für die täglichen Neuigkeiten fehlen, die dem Besitzer zugetragen werden. Er ist in der Regel bestens informiert über alles, was im näheren und weiteren Umkreis um ihn herum los ist.

Auch gibt es bei fast allen *perìpteros* Telefone, allerdings meistens Kartentelefone. Telefonieren ins Ausland ist problemlos möglich und die dazu benötigten Karten hält der Besitzer, zusammen mit Mobilfunkkarten, zum Kauf bereit.

Klima

Wer von Süden, Sonne, Strand und Meer träumt, dem fällt früher oder später auch Griechenland dazu ein. Das unvergleichliche Licht, welches viele Dichter und Maler inspirierte und immer noch inspiriert, ist nirgends so zu sehen wie in Griechenland. So sagen es jedenfalls die Künstler und so empfinden es auch die Griechen. Der offizielle Name Griechenlands, Hellas (Ελλας), kommt aus dem Altgriechischen und heißt "Erde des Lichts". Zusammengesetzt aus "El" (ελ), was Licht bedeutet, und "las" (λας) für Stein, Boden, Erde.

Für das Wandern auf dem Peloponnes sind vor allem die Monate April bis Mitte Juni und September bis Mitte November geeignet.

Im Frühjahr zeigt sich die Landschaft in wunderschönen Farben und alles grünt und blüht. Im Herbst liegen noch letzte Strahlen der Sommerhitze über einem in grau-braune Farbtöne getauchten Land. Der Winter ist in Küstengegenden relativ mild, mit jedem Höhenmeter Richtung Berge wird es jedoch sofort richtig Winter. Der Sommer, ab Mitte Juni bis Mitte September, ist eher für Badeurlaub, mit Temperaturen die locker über 30°C steigen, geeignet, als für schweißtreibende Wanderungen.

Dies ist die Regel. Weltweite Klimaveränderungen gehen auch an Griechenland nicht spurlos vorbei und das Wetter kann immer für Überraschungen sorgen.

	Jan.	Feb.	März	Apr.	Mai	Juni	Juli	Aug.	Sep.	Okt.	Nov.	Dez.
Sonne Std./Tag	4	5	6	8	9	10	12	11	10	7	5	4
Tagestemp.	9	11	13	18	22	28	31	31	26	22	15	11
Nachttemp.	2	2	3	6	9	13	16	16	13	10	6	3
Regentage	14	10	11	9	7	5	2	2	4	7	12	15
Regenmenge l/m²	127	104	94	62	51	36	20	13	37	82	82	178

Mittelwerte als Durchschnitt vom ganzen Peloponnes.

Öffentliche Verkehrsmittel

Das öffentliche Verkehrsmittel in Griechenland ist der **Bus**, λεωφορεío - leoforìo (www.ktel.org).

Mit ihm werden auch abgelegene Orte erschlossen, wenn auch zum Teil nur ein paar wenige Male in der Woche. Städte und größere Orte sind in regelmäßigen Zeitabständen mehrmals täglich miteinander verbunden und auf die Fahrpläne kann man sich heutzutage ziemlich gut verlassen. Zudem ist es ein sicheres Transportmittel. Prozentual zu der Häufigkeit dieses Transportmittels gibt es nur wenige Unfälle.

Offizielle Haltestellen gibt es bei Überlandbussen nur wenige. Zu- und Aussteigen geschieht auf Verlangen, wo immer das auch ist. Man stellt sich an den Straßenrand, macht sich bemerkbar und der Fahrer hält an. Dasselbe gilt, wenn man zwischen zwei Orten aussteigen möchte. Sie müssen sich jedoch beim Fahrer bemerkbar machen, damit er weiß, wo er Sie aussteigen lassen soll.

Die Telefonnummern der einzelnen Busstationen (*Stathmò KTEL*) sind bei den Wanderrouten vermerkt.

Preis: ca. € 9 pro 100 km

Der **Zug** (www.ose.gr) spielt in Griechenland eine sehr untergeordnete Rolle, hat oft Verspätung, ist eher unkomfortabel und bei den Griechen nicht als Transportmittel verankert. Eine Ausnahme bildet die Zahnradbahn Diakofto-Kalavryta, sie ist ein Erlebnis!

Preise: bis 100 km € 2,60; 101 bis 150 km € 3,20; 151 bis 240 km € 4,70; ab 241 km € 6,20

Die neue **Metro** (www.ametro.gr) in Athen sowie die Vorstadtbahn (www.proastiakos.gr) gehören mit zum Besten, was ich in Sachen griechischer ÖPNV kenne. Das Netz wird ständig erweitert.

Preise: Athen, € 0,80 pro Fahrt in eine Richtung, Vorstadtbahn Athen-Korinth € 6, Flughafen-Athen € 6, Flughafen-Korinth € 8

Die **Fähren** und im Sommer auch die "Flying Dolphins" sind für viele Inselbewohner die einzige Verbindung zum Festland und es besteht ein sehr großes Angebot, um auch auf die kleinste, bewohnte Insel zu kommen. Alle Fähren Griechenlands sind unter www.ferries.gr zu finden.

Preise: unter www.ferries.gr

Das **Taxi** wird in Griechenland als öffentliches Verkehrsmittel angesehen und auch als solches benutzt. Die Preise sind zurzeit noch die tiefsten in der EU und Taxis sind nicht nur in der Stadt sehr oft ausgebucht, sondern auch auf dem Lande, wo sie als Ersatz für den Schulbus eingesetzt werden, wenn ein solcher fehlt. Die für Sie auf dieser Tour wichtigen Taxi-Rufnummern sind bei den jeweiligen Touren vermerkt.

Preise: ca. € 0,60 pro km

Öffnungszeiten

Öffnungszeiten von Banken, Post, Informationsbüros und Ämtern sind mehr oder weniger einheitlich geregelt. Sie sind Mo bis Fr und nur bis zur Siestazeit, d.h. in der Regel von 7:30 bis 9:00 bis 13:00 bis 14:00, geöffnet.

Läden machen abends, je nach Region, nur an drei Abenden pro Woche nochmals zwischen ca. 17:30 und 20:00 auf, im Sommer auch länger.

Souvenirläden und alle anderen Shops, die irgendwo ein Souvenir im Angebot haben, sind von Schließungszeiten befreit und so lange geöffnet, bis der Inhaber beschließt zu schließen, im Sommer zeitweise erst spät nach Mitternacht.

An Kiosken (*perìptero*), der nicht aus Griechenland wegzudenkenden "Ladenalternative", werden Sie zum Teil fast rund um die Uhr bedient.

Tavernen kennen keine Polizeistunde, es wird dicht gemacht, wenn die letzten Gäste weg sind, und das kann am Wochenende, bei einer Feier oder in der Hochsaison kurz vor Sonnenaufgang sein.

Telekommunikation

In jedem Ort gibt es Kartentelefone, von denen problemlos ins Ausland telefoniert werden kann. Jeder Kiosk ist mit einem solchen Telefon ausgerüstet und verkauft auch gleich die dazu benötigten Karten. Ansonsten gibt es die Karten auch in Postbüros oder den Büros der griechischen Telefongesellschaft OTE. Kartentelefone gibt's auch in vielen Kafenions, die Karten dazu jedoch nur in den seltensten Fällen. Die Auslandsvorwahlen für Telefonate sind nach Deutschland "0049", in die Schweiz "0041", nach Österreich "0043". Die Auslandsvorwahl für Griechenland ist "0030".

Mobilfunkempfang ist in urbanen Gegenden in der Regel problemlos möglich. In geografisch ungünstigen Abschnitten, sowie Berggebieten ist eine vollumfängliche Abdeckung noch nicht gewährleistet. In größeren Orten ist mittlerweile auch mindestens ein Internetcafé vorhanden.

Übernachten

Der Hotelstandard weicht in vielen Orten ziemlich von unseren Vorstellungen eines Zwei-, Drei-, oder Vier-Sterne-Hotels ab. Oftmals sind es lieblos eingerichtete, veraltete, kleine Zimmer ohne Komfort und mit tropfenden Wasserhähnen. Schallisolation wurde bei der Planung nicht mit einbezogen, die Lage ist oft direkt an einer lauten Durchgangsstraße und die hinteren, "ruhigeren" Zimmer sind mit der Abluft der Küche parfümiert. Die Preise sind in den letzten Jahren um bis zu 50 % angehoben worden, der Standard ist der gleiche geblieben.

Dies gilt vor allem für "Durchgangshotels" und kann nicht auf touristische Anlagen ausgedehnt werden.

In touristischen Orten werden häufig Fremdenzimmer oder kleine Wohnungen vermietet, oder Pensionen bieten Übernachten mit Frühstück an. Hier können Sie auf sehr liebliche Objekte stoßen, mit Betreibern, die Herzblut in ihre Arbeit fließen lassen. Doch auch hier sind die Zeiten von billigen Übernachtungen vorbei. Die günstigsten Angebote beginnen bei € 35 bis 50 pro Nacht/Zimmer, nach oben sind die Preise offen, vor allem in der Hochsaison.

Vor allem in der Hochsaison sowie an Wochenenden und Feiertagen ist eine Reservierung zu empfehlen.

Der Name des Hotels ist in Griechenland zugleich die Adresse. Oftmals wird es auch als Anhaltspunkt für das Erklären von anderen gesuchten Orten oder Adressen verwendet. Straßennamen als Adressen wie bei uns verwirren (auch Taxifahrer) nur! Außerdem befinden sich die Hotels auf dieser Tour in kleinen und sehr kleinen Orten.

E4-Markierung

Die Preise möchten die Besitzer meistens nicht herausgeben um sie in einem Buch/Führer festzuhalten, da zum einen die Preise erheblich zwischen den Saisons schwanken und zum andern in der Zwischensaison auch mal "gehandelt" werden kann. Vor allem wenn noch andere Hotels in der Nähe geöffnet haben. Durchschnittspreise auf der Wanderung € 40 bis 80 für ein Doppelzimmer (für 2 Pers.) und € 30 bis 50 für ein Einzelzimmer, Stand Frühjahr (Zwischen-Saison) 2007. Teure Ausnahmen sind in den jeweiligen Wanderrouten erwähnt.

Wegmarkierung

Der Weg ist mit E4-Markierungszeichen verschidener Art markiert.

Wildcampen

Wildcampen, auch für Wohnmobile, ist in ganz Griechenland offiziell verboten und nicht nur dort, wo speziell darauf hingewiesen wird. Dies sollte man wissen und auch respektieren. Wer mit Rucksack und Zelt unterwegs ist und sein Nachtlager zwischen zwei Etappen in der Wildnis aufschlägt, wird kaum behelligt werden. Den Ort sauber zu verlassen, muss eine Selbstverständlichkeit sein.

Wer sich am Strand für mehrere Tage oder Wochen einrichtet, muss wissen, dass *er* im Unrecht ist und nicht die Polizei, die ihn vertreibt oder mit auf die Wache nimmt - auch wenn solche Plätze in einigen Campingführern als "sehr geeignet" empfohlen werden.

Wenn Sie Ihr Nachtlager in der Nähe eines Ortes aufschlagen möchten, fragen Sie ganz einfach. Die Griechen sind ein sehr gastfreundliches Volk und Sie werden einen Platz finden. Die beste Anlaufstelle dafür ist das Kafenion, das auch in kleinen Orten vorhanden ist.

Mit Erlaubnis auf einem Privatgrundstück zu campieren kann niemand verbieten, und es schläft sich auch ruhiger.

Zoll

Für die Einfuhr nach Griechenland erkundigen Sie sich am besten bei Ihrer zuständigen Zollbehörde. Für die Ausreise aus Griechenland möchte ich Sie lediglich darauf aufmerksam machen, dass das Ausführen von archäologischen Gegenständen, Kunstgegenständen sowie Antiquitäten für Privatpersonen strikt verboten ist. Auch wenn etwas nur aussieht, als ob es antik wäre, kann es Sie in erhebliche Schwierigkeiten bringen. Eine Tonscherbe aus Mykene oder der Fuß einer Säule, den Sie auf einer Müllkippe gefunden haben, kann Sie ins Gefängnis bringen, wenn Sie nicht das Gegenteil beweisen können. Es braucht einen zum Teil monatelang dauernden Papierkrieg, um eine Ausfuhrbewilligung zu bekommen.

Wanderroute

Bege(h)gnung

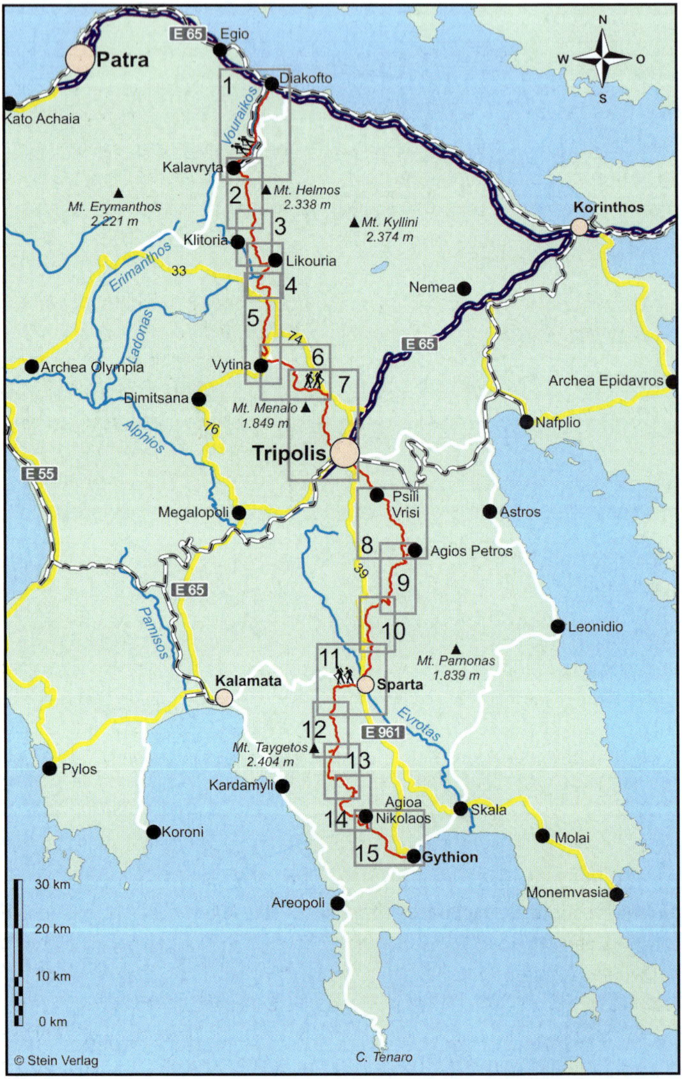

N
W
O
S
E 65
Egio
Patra
Diakofto
Kato Achaia
Vouraikos
1
Kalavryta
2
Mt. Helmos
2.338 m
Mt. Erymanthos
2.221 m
3
Mt. Kyllini
2.374 m
Korinthos
Klitoria
Likouria
Erimanthos
33
4
Nemea
5
74
E 65
6
Ladonas
Archea Olympia
Vytina
7
Archea Epidavros
Dimitsana
Mt. Menalo
1.849 m
Nafplio
76
Alphios
Tripolis
E 55
Psili
Vrisi
Megalopoli
Astros
8
Agios Petros
39
9
E 65
Pamisos
10
Leonidio
11
Mt. Parnonas
1.839 m
Sparta
Kalamata
Evrotas
12
E 961
Mt. Taygetos
2.404 m
13
Pylos
Kardamyli
Agioa
Skala
14
Nikolaos
Koroni
Molai
15
Gythion
30 km
Areopoli
Monemvasia
20 km
10 km
0 km
© Stein Verlag
C. Tenaro

Für das Kapitel **Wanderroute** war es mein Bestreben, sachlich zu bleiben, d.h. eine nüchterne Wegbeschreibung zu verfassen, ohne Sie darauf aufmerksam zu machen, was Sie wo anschauen müssen. Mich selbst nervt es ein wenig, wenn ich innerhalb einer Routenbeschreibung immer wieder lesen muss, was für Blumen am Wegrand wachsen, und dass Eidechsen oder Eichhörnchen den Weg kreuzen könnten. Dies sind individuelle Erlebnisse und sollen nicht den Leser verwirren oder unterbrechen, während er eine Route sucht, sondern in anderen Kapiteln vorkommen.

Abstecher, Alternativrouten oder Tipps finden Sie jeweils in der Routenbeschreibung als neuen Abschnitt gelb bzw. blau hinterlegt.

Daher empfehle ich Ihnen, die Tagesetappen jeweils schon vor dem Loswandern als Ganzes durchzulesen, um eine eventuelle Anpassung (Reservierung von Übernachtung, Zeit einplanen für Abstecher etc.) vorzeitig vornehmen zu können.

Anfahrt mit öffentlichen Verkehrsmitteln zum Ausgangsort Diakofto

Ab Flughafen (💻 www.aia.gr)

🚆 Mit dem **Vorstadtzug** (*Proastiakòs,* 💻 www.proastiakos.gr) direkt ab Flughafen bis Korinth, ca. € 8. Ab 7:05 alle 2 Std. bis 23:05, Fahrzeit ca. 1 Std. 30 Min. und von Korinth mit den **Zug** (*Trèno,* 💻 www.ose.gr) weiter nach Diakofto, Fahrzeit ca. 1 Std. 30 Min., Abfahrtszeiten 7:27, 9:21, 11:21, 13:27, 17:27, 19:27, ca. € 3

🚌 Mit dem **Linienbus** (*astikò leoforìo,* 💻 www.oasa.gr) No. X93 direkt beim Flughafenausgang zur Endstation, dem Zentralbusbahnhof der Überlandbusse für den Peloponnes (*Stathmò KTEL Kifisú,* ☎ 210/5124910) fahren. Fahrzeit ca. 50 Min., Abfahrt alle ca. 30 Min. zwischen morgens 6:05 und nachts 1:35, ca. € 5. Mit dem Taxi kostet die Strecke ca. € 25 und dauert ca. 30 Min. Von dort mit dem **Überlandbus** (*Iperastikò leoforìo,* 💻 www.ktel.org) Richtung Patras fahren und bei Diakofto aussteigen. Abfahrt ab 5:45 alle 30 Min., der letzte fährt um 22:00, ca. € 15. *Achtung:* Sie müssen dem Fahrer verständlich machen, dass Sie in Diakofto aussteigen möchten! Er wird Sie an der Schnellstraße aussteigen lassen und von dort müssen Sie noch etwa 2 km zu Fuß in den Ort laufen.

Ab Patras

Mit dem **Zug** (*Trèno,* www.ose.gr) direkt nach Diakofto, ca. € 2. Der Bahnhof (*Stathmò trenù,* ☏ 2610/639108-9) ist direkt beim Hafen, die Fahrt dauert ca. 50 Min. Abfahrtszeiten 5:55, 9:55, 13:55, 15:54, 17:57.

Der Busbahnhof (*Stathmò KTEL,* ☏ 2610/623886) befindet sich an der großen Hafenstraße. Mit dem **Überlandbus** (*Iperastikò leoforìo,* www.ktel.org) Richtung Athen fahren und in Diakofto aussteigen. Abfahrt ab 5:00 alle 30 Min., der letzte fährt um 21:45, ca. € 8. *Achtung:* Sie müssen dem Fahrer verständlich machen, dass Sie in Diakofto aussteigen möchten! Er wird Sie an der Schnellstraße aussteigen lassen und von dort müssen Sie noch etwa 2 km zu Fuß in den Ort zurücklegen.

Mit dem **Taxi** sind es ca. 50 km und es kostet ca. € 35 bis zum Ausgangspunkt **Diakofto**.

♦ Taxizentralen Patras, ☏ 2610/450000-425201-346700

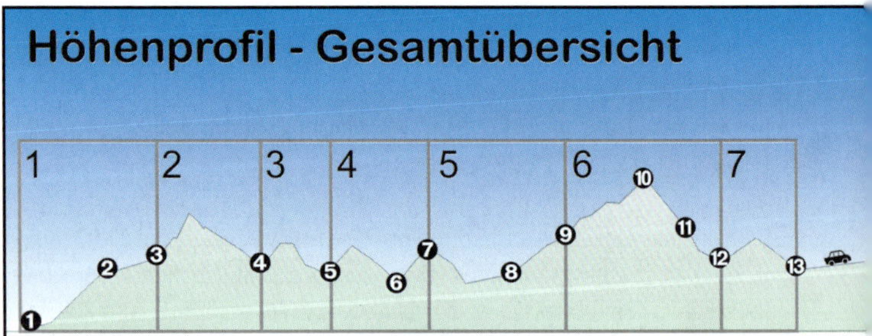

❶ Diakofto
❷ Mega Spileon
❸ Kalavryta
❹ Planitero
❺ Krinofita
❻ Ladonas Quelle
❼ Pagrati
❽ Kamenitsa
❾ Vytina
❿ EOS-Hütte
⓫ Kardaras
⓬ Kapsia
⓭ Tripolis
⓮ Psili Vrisi
⓯ Ano Doliana
⓰ Ag. Petros
⓱ Karyes
⓲ Vresthena

- Hotel Chris-Paul, Diakofto, ☏ 26910/41715, www.chrispaul-hotel.gr, info@chrispaul-hotel.gr
- ♦ Hotel Panorama, ☏ 26910/41614-5, www.greecepanorama.gr, info@greecepanorama.gr
- ♦ Hotel Lemonies, ☏ 26910/41229, nur April bis Oktober
- Krankenhaus, Boulomeno, 25100 Aigion, ☏ 26910/59100

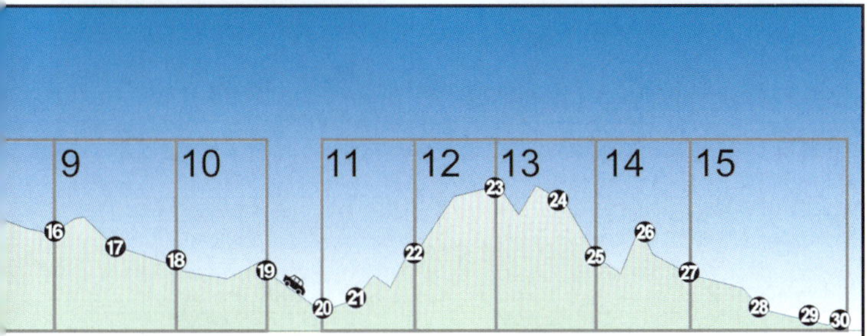

19 Theologos
20 Sparta
21 Mystars
22 Anavryti
23 EOS-Hütte
24 Vasiliki Forest
25 Arna
26 Kloster P. Jatrissa
27 Ag. Nikolaos
28 Krini
29 Platanos
30 Gythion

1. Etappe: Diakofto - Kalavryta ➲ 22 km ⌛ ca. 6 Std.

Die Wanderung durch die Vouraikos-Schlucht ist ein Erlebnis, auf das Sie nicht verzichten sollten, auch wenn die Fahrt mit der Schmalspurbahn äußerst reizvoll ist. Die Landschaft zählt zu den schönsten des Peloponnes.

Da die Wanderung Sie entlang und auf den Bahngleisen über Brücken und durch Tunnels führt, sollten Sie den Fahrplan studieren und immer gut hinhören, bevor Sie in einen Tunnel hineingehen. Diese sind max. 300 m lang und man benötigt ca. 5 bis 10 Min. zum Durchlaufen.

Die Tunnel sind zwar breit genug für Zug und Wanderer, wenn diese sich an die Wand drücken, ratsam ist es jedoch nicht. Ein Melden bei der Bahnstation, dass man zu Fuß unterwegs ist, nützt nichts. Die Standardantwort ist, dass man selber aufpassen müsse und der Lokführer sich nicht darum kümmern könne. Da die Abfahrtszeiten sich immer wieder ändern können, schreiben Sie (oder knipsen mit einer Digitalkamera) am besten vor Verlassen des Bahnhofs den aktuellen Fahrplan ab.

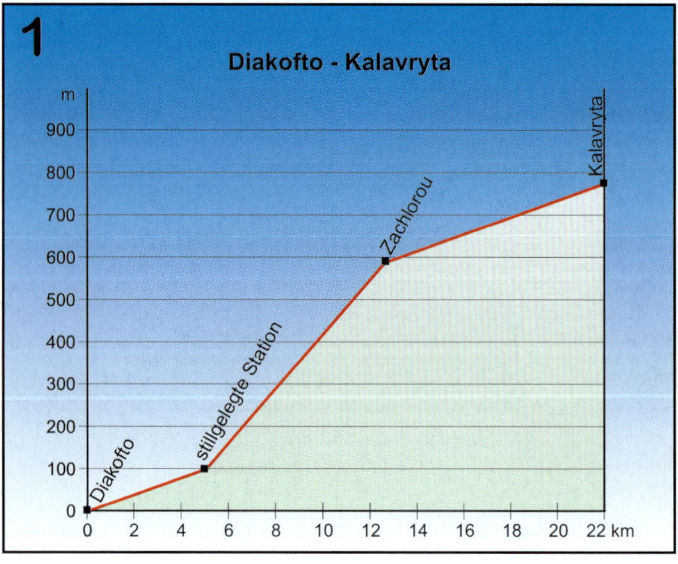

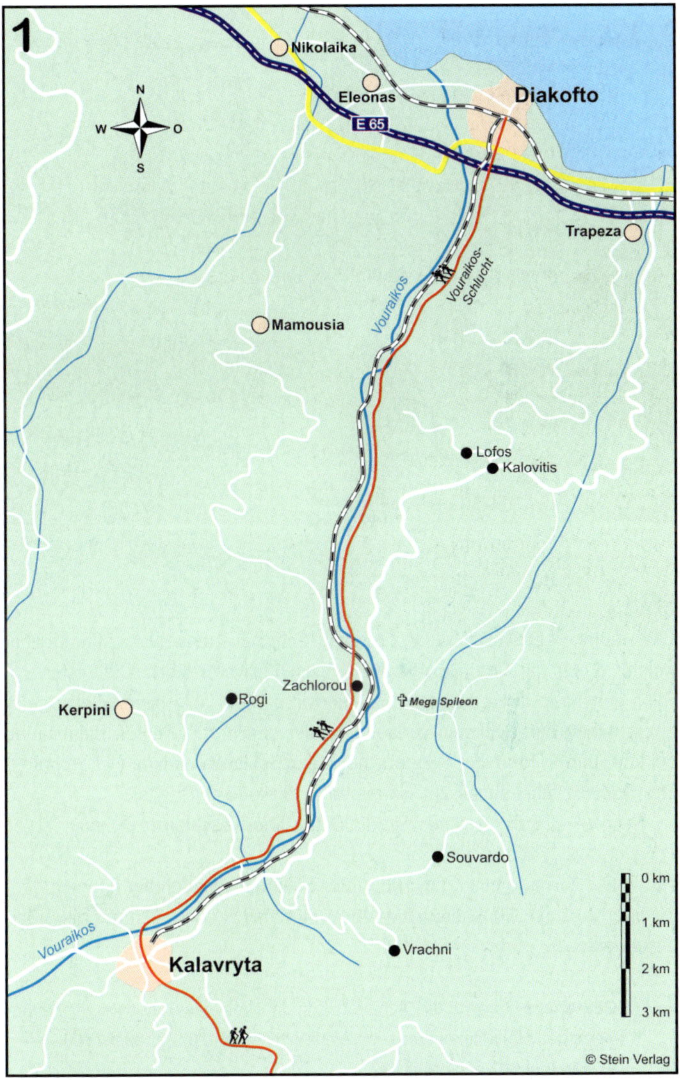
1
N
W
O
S
Nikolaika
Eleonas
E 65
Diakofto
Trapeza
Vouraikos
Vouraikos-Schlucht
Mamousia
Lofos
Kalovitis
Zachlorou
Rogi
Kerpini
Mega Spileon
Souvardo
Vouraikos
Kalavryta
Vrachni
0 km
1 km
2 km
3 km
© Stein Verlag

Beginn der Wanderung

Start:

Vom Bahnhof **Diakofto** folgen Sie dem Schienenstrang der Zahnradbahn, welche durch die Vouraikos-Schlucht nach Kalavryta fährt. Die ersten ca. 5 km gehen Sie direkt auf dem Schienenstrang oder auf einem Feldweg, der direkt neben den Schienen verläuft. Ab der ersten stillgelegten Bahnstation bei km-Stein 5, führt der Weg nur noch den Schienen entlang (☝ Achtung: Der Feldweg führt hinauf zur Hauptstraße Diakofto-Kalavryta).

Nach ca. 3 Std. erreichen Sie die Bahnstation **Zachlorou** (✕ 🛏).

✕ Die Terrasse einer Taverne, unter Schatten spendenden Bäumen, lädt zu einer Rast ein. Sie können hier etwas Herzhaftes oder auch nur eine Kleinigkeit essen.

🛏 **Gästehaus** "To oniro tis Zachlorous", in der Nähe des Bahnhofs. Für Reservierungen Herr Alexopoulos, ☎ 26920/23772-23470, 📱 6945776821, 💻 www.oneiro-zachlorous.gr

Oberhalb der Bahnstation befindet sich das historische Kloster **Mega Spileon**, dessen Besuch sehr lohnenswert ist (hin und zurück ca. 1 Std., zusätzlich zu den 6 Std. Wanderzeit).

Der Weg führt weiterhin den Bahngleisen entlang.

Bei km-Stein 16,8, können Sie als Wegalternative ein größeres Stück Schiene umgehen, um nach Kalavryta zu kommen: Biegen Sie hier bei einer kleinen Anhäufung von Häusern rechts auf eine Feldstraße ab und gehen Sie um ein eingezäuntes Grundstück herum.

Ansonsten geht es den Schienen entlang weiter bis zum ersten Etappenziel Kalavryta.

Kalavryta (✕ ☕ ⊞ 🚗) ist ein Touristenzentrum für Aufenthalte und Ausflüge in die Berge. Im Winter ist es auch Ausgangsort für das 12 km entfernte Skigebiet des Helmos-Gebirges. Skifahren wurde im Laufe der letzten Jahre immer populärer in Griechenland und viele Leute kommen aus Athen hierher, um ihren neuen Sport auszuleben.

Ein "Wahrzeichen" von Kalavryta ist ein Massaker aus dem Zweiten Weltkrieg. Es ist zu einem Symbol des Leidens unter der Wehrmacht geworden und in ganz Griechenland bekannt. Die Gedenkstätte thront unübersehbar etwa 1 km außerhalb der Stadt. Eine Besichtigung ist jederzeit möglich.

In Kalavryta es gibt viele Tavernen, Restaurants und Kafenions, die sich ganz dem Wintertourismus verschrieben haben, mit rustikalen Einrichtungen wie in den Alpen. Ebenso gibt es zahlreiche Hotels, Pensionen und Privatunterkünfte, die zum Teil aber nur im Winter offen sind. Hier eine Auswahl von Unterkünften, die das ganze Jahr über geöffnet sind:

🛏 Hotel und Taverne Anesis, im Zentrum, ☎ 26920/23070, 💻 www.anesishotel.gr

♦ Hotel Villa Kalavryta, beim Bahnhof, ☎ 26920/22712-22845

♦ Hotel Kynaitha, beim Zentralplatz, ☎ 26920/22609-22044, 💻 www.kynaitha.gr, ✉ kynaitha@otenet.gr

- ♦ Hotel Maria, beim Bahnhof, ☏ 26920/22296, 💻 www.kalavrita.biz/maria.htm, ✉ hotmaria@otenet.gr
- ♦ Gästehaus Fiday mit Küche, ☏ 26920/24552, wenig außerhalb vom Zentrum 💻 www.fiday.gr, ✉ info@fiday.gr
- 🚗 Taxizentrale: ☏ 26920/22127
- ⊞ Healthcentre, ☏ 26920/22724

2. Etappe: Kalavryta - Planitero ➲ 16,5 km ⌛ ca. 6 Std.

Vom Bahnhof her gehen Sie die Fußgängerzone hinauf, welche parallel zur Hauptstraße, in Richtung des Berges Helmos verläuft. Nach ca. 300 m, am Ende der Fußgängerzone, befindet sich an einem Telefonmast ein E4-Markierungszeichen. Dort gehen Sie die hohe Treppe links hoch bis zu deren Ende, wo sie auf eine Straße stößt. Hier gehen Sie links ca. 50 m weiter auf dieser Straße bis zu einem Altersheim mit der Beschriftung Γεροκομείο. An der linken Seite des Gebäudes beginnt der mit E4-Markierungszeichen markierte Teil des Weges und führt nach rechts hinauf. Bergauf über Wiesenwege

Helmos-Gebirge

gehen Sie bis zu einer "Quartierstraße" (Straße zwischen Häusern) und überqueren diese geradlinig. Etwa 500 m weiter erreichen Sie die Hauptstraße zum Skigebiet und folgen dieser nach rechts für ca. 2 km bis zu einem E4-Markierungszeichen, das nach rechts weist. Ein kleiner Abstieg führt Sie zu einer Furt eines kleinen Baches (meistens ohne Wasser) bei einer kleinen Kiesmulde. In der Furt liegen LKW-Reifen die als "Brücke" dienen. Auf der Feldstraße bergauf gehend, passieren Sie einen Steinbruch und kommen zu einer Tiertränke, wo Sie den Feldweg nach rechts (E4-Makierungszeichen) verlassen.

Ein Pfad führt Sie nach wenigen Minuten zu einer Kapelle. Dort

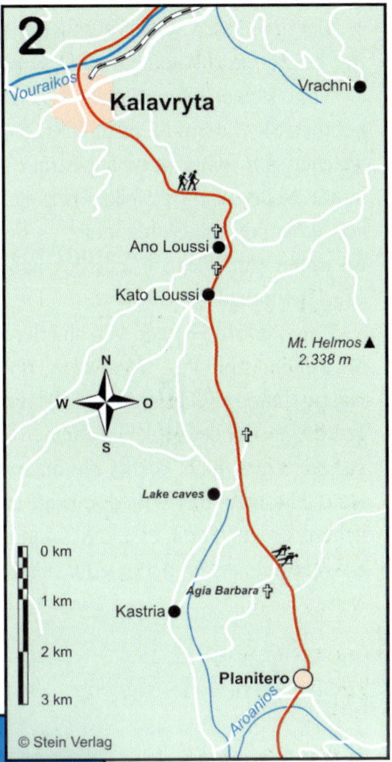

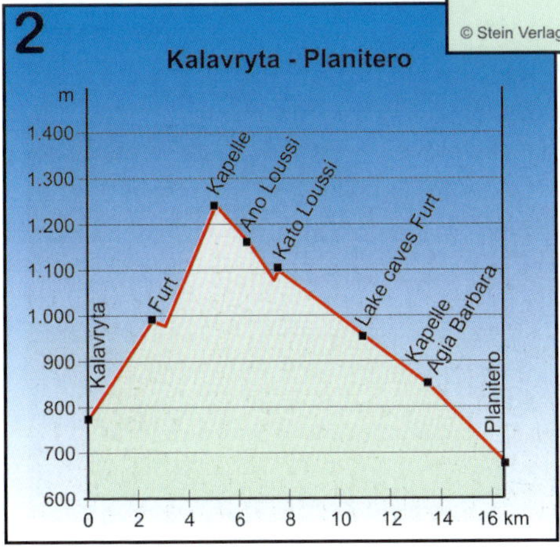

überqueren Sie die Hauptstraße und folgen dem markierten Weg bis zum Dorf **Ano Loussi** (📷 Seite 2 bis 3).

🛏 Hotel O Sperchos mit ✕ Taverne. Für Reservierungen Herr Pavlopoulos, ☏ 26920/83348-83436, 📱 6944542413

Bei den ersten Häusern gehen Sie links an einer Quelle vorbei, dann wieder bergauf und kommen ins Dorf **Kato Loussi**.

Vom kleinen Zentralplatz des Dorfes, direkt unterhalb des Kafenions, nehmen Sie die Straße nach links, die kurz darauf in einen Flurweg übergeht, welcher sich später der Hauptstraße nähert. Kurz bevor Sie auf diese Hauptstraße treffen, geht es links übers Feld, *hinter* einem Bauernhaus vorbei und von da immer mit Sichtkontakt zu der 300 bis 400 m entfernten Hauptstraße weiter. Auf diesem Teilstück haben wir leider keine E4-Markierungszeichen gefunden!

Eine Anzahl Flaggen verschiedener Nationalitäten, die an der Hauptstraße wehen, sind Ihre Wegweiser und Sie gehen ein letztes Stück auf der Hauptstraße in Richtung dieser Flaggen. Etwa 200 bis 300 m vor den Flaggen biegen Sie links in einen kleinen Feldweg (mit Schutthalde) ein und gehen *auf der Krete* (nicht rechts die bizarr geformte Schlucht hinunter!) zu einem Haus hinunter, das von der Krete aus nicht sichtbar ist. Nach dem Haus gehen Sie zur Furt des Flusses hinunter, überqueren diesen und gehen auf Ziegenwegen, die auch wieder mit E4-Markierungszeichen beschildert sind, weiter.

Liebenswerte Bege(h)gnung

Auf der rechten Seite des Flusses, in ca. 500 m Entfernung direkt an der Hauptstraße, befinden sich Wasserhöhlen **(Lake caves)**, die zu besichtigen sich lohnt. Es liegt jedoch noch etwas über 2 Std. Weg vor Ihnen bis Planitero.

Am Ende dieses wunderschönen Ziegenweges treffen Sie auf die Kapelle "Agia Barbara". Auf dem Flurweg geht es ca. 100 m hinunter und dann links (!) in einen anderen Flurweg - nicht geradeaus weiter. Es sind ziemlich viele Markierungen vorhanden, diese stiften jedoch mehr Verwirrung, als dass sie helfen. Also links in den Flurweg hinein! Dieser führt Sie automatisch nach Planitero.

Das Dorf selbst ist zunächst noch nicht sichtbar, da es sich hinter einem Hügel befindet, auf dem jedoch unverkennbar ein Sendemast thront. Wer nicht zu müde ist, kann über die steile Geröllhalde Richtung Dorf gehen, wo der Weg auch gut mit E4-Markierungszeichen ausgewiesen ist. Wer den Abstieg scheut, wandert auf dem Flurweg weiter. Der ist gemütlicher, jedoch auch ein Umweg. Im Dorf angekommen, folgen Sie den E4-Markierungszeichen und kommen so durch einen romantisch anmutenden Teil von **Planitero**. Ansonsten gehen Sie beim Kulturzentrum (πνευματικό κέντρο) am ersten Dorfplatz, rechts den kürzeren Weg über die Asphaltstraße, Richtung Klitoria hinunter.

Nach etwa 200 m befindet sich auf der linken Seite ein Touristenzentrum mit verschiedenen Restaurants, wo frische Forellen serviert werden. Der Platz liegt mitten in einem Schatten spendenden Platanenwald, wo der kleine Fluss Aroanios entspringt, und ist äußerst reizvoll.

Es gibt verschiedene Übernachtungsmöglichkeiten, die zum Teil aber nur in der Saison, an Wochenenden oder nach Absprache geöffnet sind.

- Gästehaus Beleni, ☏ 26920/31831, 📱 6976699898
- Hotel Achais, ☏ 26920/31628, 📱 6972232893
- Ganzjährig geöffnet und auch immer anwesend sind die sehr freundlichen Besitzer des Restaurants Planiteros. Sie betreiben auch eine Pension gleichen Namens, oben im Dorf, ☏ 26920/32055, 📱 6972322271

3. Etappe: Planitero - Krinofita

➲ 11 km ⌛ ca. 4 Std. 30 Min.

✋ Auf dieser Etappe gibt es keine Einkaufs- oder Verpflegungsmöglichkeiten bis zum Etappenziel.

Sie starten von der ✕ Taverne *Pigès*, nahe an der Quelle, wo auch ein E4-Markierungszeichen ist. Im Wald stoßen Sie auf einen Pfad, der steil aufwärts zum Dorf **Armpounas** (1 Std.) führt. Am Anfang des Dorfes befindet sich bei der Kapelle "Agios Athanasiou" ein alter öffentlicher Waschplatz. Unmittelbar danach gehen Sie rechts ins Dorf hinein und folgen dem Weg bis ans Ende hoch zur Dorfkirche.

Ab hier gibt es vier Wege, die weiterführen. Sie nehmen den obersten links, gleich neben dem Waldrand. Ein E4-Markierungszeichen ist in ca. 100 m Entfernung sichtbar. Der wunderschöne, steinige Wanderweg geht am Anfang leicht bergauf, dann auf gleich bleibender Höhe an den Hängen entlang und mit toller Aussicht ins Tal hinunter bis zum Dorf **Agios Nikolaos**. Sie

Mitwanderer

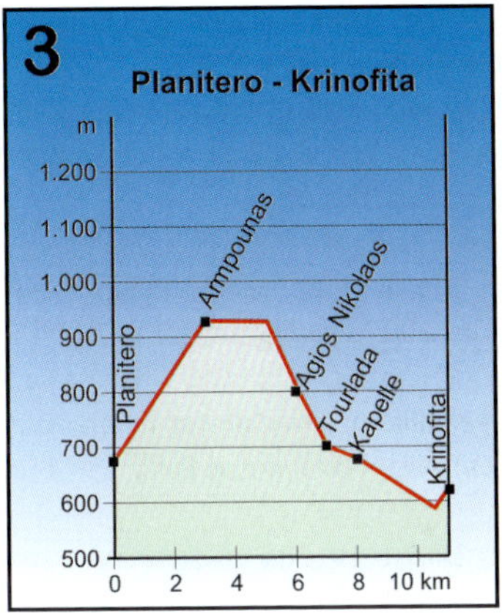

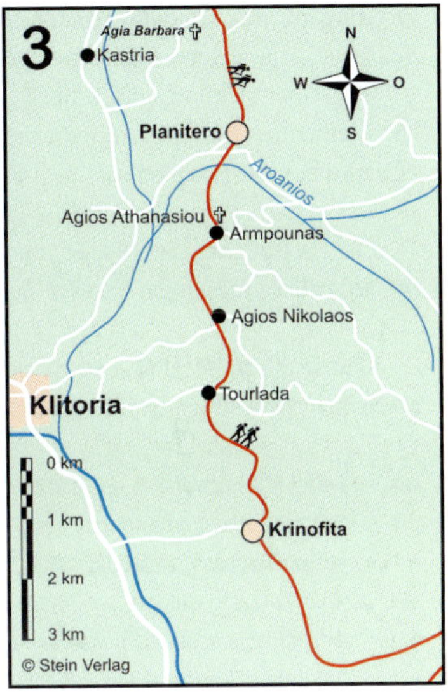

durchqueren das Dorf, an dessen Ende Sie auf die Forststraße nach **Tourlada** treffen.

Vorsicht: Bei einer Quelle, an der Wasser über den Weg läuft, halten Sie sich **rechts**, um in einer Schlaufe zum Ort zu kommen (der direkte Weg, gerade den Berg hinauf, führt *vermutlich* zu einem Sendemast, von dem man *vielleicht* wieder runter zum Ort Krinofita kann ... wir haben es nicht versucht).

Ihr Weg führt oberhalb des Dorfes bis zu einer Kapelle. Bei dieser gehen Sie rechts hinunter zur Asphaltstraße (keine Markierung) und nicht etwa geradeaus weiter. Der Asphaltstraße, die sich ca. 50 m unterhalb der Kapelle befindet, folgen Sie für ca. 1 km Richtung Klitoria, bis zu einer weiteren Kapelle auf der linken Straßenseite. Dort links in einen Flurweg (kein E4-Markierungszeichen, jedoch kommunale Markierungstafeln) Richtung Krinofita. Der Weg wird für Autos immer schlechter, zu Fuß jedoch immer angenehmer. Auf dem letzten Teil vor dem Dorf überqueren Sie ein Flussbett, gehen an mehreren Ziegenställen vorbei und peilen die Asphaltstraße an, die Sie schließlich ins Dorf hineinführt. Ca. 100 m nach der großen Kirche am

Ortseingang von **Krinofita**, können Sie sich im ersten Kafenion auf der linken Seite auch mit kleinen Mahlzeiten verpflegen.

Eine Übernachtungsmöglichkeit gibt es hier nicht. Klitoria ist jedoch nur ca. 7 km entfernt und Sie können ein Taxi anfordern, das Sie hier abholt, oder zu Fuß über die Hauptstraße nach Klitoria weiterwandern.

Zur Fortsetzung der Wanderung ab Krinofita (☞ nächste Etappe) kehren Sie wieder mit einem Taxi (€ 6, März 2007) hierher zurück.

Klitoria (✕ ☕ 🛒 ⊞ 📯 BANK) ist eine gemütliche, kleine Bergstadt mit mehreren Tavernen, Kafenions, Einkaufsläden, Arzt, Postamt und Bank.

- Hotel Mt. Helmos, ☏ 26920/31221, 26920/32392 oder 26920/31866, mthelmos@otenet.gr
- Hotel Aroanios, ☏ 26920/31308, 📱 6977621719-6976753011
- Taxi-Zentrale Klitoria, ☏ 26920/31537 (nicht immer besetzt)
- Taxifahrer Vasilis Androtsopulos, 📱 6974845728
- Taxifahrer Andreas Kazanis, 📱 6973819130
- ⊞ Healthcentre, ☏ 26920/31207

4. Etappe: Krinofita - Pagrati

16 km, ca. 6 Std.

Im Dorf selbst finden sich nur wenige E4-Markierungszeichen, der Weg ist jedoch nicht zu verfehlen, da der höchste Punkt des Dorfes der Ausgangspunkt der weiteren Wanderung ist. Ein kleiner Feldweg führt an der Kapelle "Agios Georgios", bei der eine große Eiche steht, vorbei zur Kapelle "Agios Athanassiou".

(Wenn Sie nicht ganz sicher sind, können Sie im Dorf nach den Kapellen fragen - die Einheimischen wissen immer, wo ihre Kapellen stehen und wie diese heißen!)

Ab hier ist der Weg wieder gut markiert und geht in einen steinigen Pfad über. Er zieht sich in die Länge bis zum obersten Punkt und Sie müssen mit 2 Std. ab Krinofito rechnen. Auch der Abstieg nach Lykouria ist steinig und dauert etwa 1 Std.

Lykouria (✕ 🛒) verfügt über *keine* offizielle Übernachtungsmöglichkeit. Eine kommunale Herberge wurde angefangen, aber nie fertig gebaut und die Person, die früher Privatzimmer für müde Wanderer zur Verfügung gestellt hat, ist leider verstorben. Es gibt verschiedene Verpflegungs- und Einkaufsmöglichkeiten.

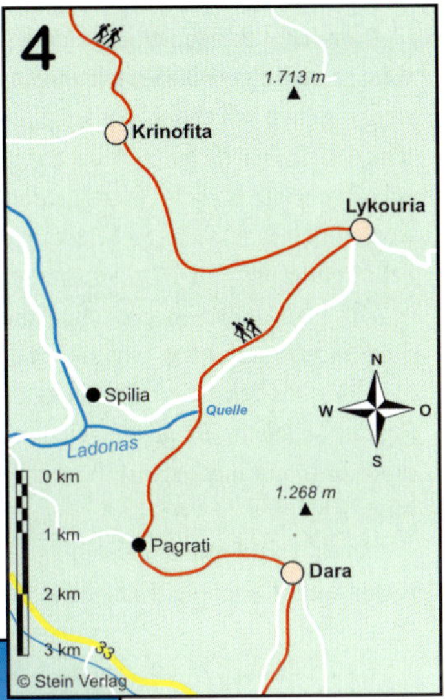

Gleich gegenüber der großen Kirche im Zentrum, d.h. auf der anderen Seite der Hauptstraße, nehmen Sie die kleine Straße, die hinaufführt. Nach ca. 200 m gelangen Sie zu einer kleinen Kapelle, von der E4-Markierungszeichen Sie nach Pagrati-Dara führen. Nach ca. 2 km erreichen Sie eine Asphaltstraße, der Sie nach rechts folgen und erreichen nach weiteren ca. 1,5 km die Quelle des Flusses Ladonas.

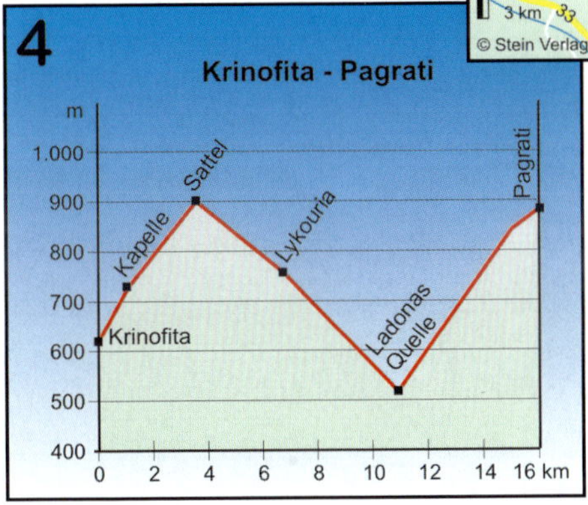

Bei der Quelle steht ein rotes Gebäude (eine Käsefabrikation). Dort gehen Sie links zum Fluss hinunter, den Sie auf der Brücke überqueren. Sie nehmen den Flurweg nach links und folgen nach ca. 50 m rechts den E4-Markierungszeichen. Der steile Weg ist schon von der Brücke aus sichtbar und nach ca. 20 Min. erreichen Sie die Spitze des Hügels, von wo Sie links oben am Horizont Pagrati sehen können.

Nun heißt es nach einem kleinen Flurweg auf der rechten Seite zu suchen, diesem zu folgen und nach einem der schwarz-gelb gemalten E4-Markierungszeichen auf einem großen Stein auf der rechten Seite Ausschau zu halten, den Sie nach ca. 10 Min. erreichen. Diese Markierung (als rechter Winkel angezeigt) ist sehr wichtig, denn sie führt Sie nach links, vom Flurweg weg, durch eine steinige Wiese mit kleinen Bäumen zu einem weiteren ca. 50 m entfernten E4-Markierungszeichen.

Ab hier brauchen Sie ein wenig Orientierungssinn. Wir haben kleine Steintürmchen gebaut, weil die Markierungen eher schlecht zu finden sind.

Jedenfalls führt der Weg **links** der Schlucht aufwärts, wenn Sie Richtung Pagrati schauen. Es ist ein kleiner, verwachsener Pfad, der, wenn Sie mal drauf sind, gut markiert ist. Nur eben den "Eingang" zu finden, ist nicht ganz offensichtlich.

Am oberen Ende der Schlucht überqueren Sie den Trockenbach, um nach rechts weiter hoch ins Dorf zu gehen, das Sie nach ca. 20 Min erreichen.

Unterhalb des Dorfes, etwa 1 Std. entfernt, befindet sich der Weinstock **Pausanias**. Er ist wirklich sehr alt und eindrucksvoll, die Altersangaben verschiedener Quellen variieren jedoch zwischen 1.000 und 2.000 Jahren. Der

Weg zum Weinstock ist markiert und führt, wenn Sie an die Hauptstraße zum Dorf kommen, nach rechts. Wer diesen Ausflug macht, muss auch wieder zurück ins Dorf.

🛏 In **Pagrati** gibt es eine kommunale Herberge, die ganzjährig geöffnet (im Winter jedoch nicht geheizt) ist und für 8 bis 10 Personen eine einfache Übernachtungsmöglichkeit bietet.

Wenn Sie hier übernachten möchten, melden Sie sich beim Wirt des einzigen Kafenions, Herrn Siousouras, ☎ 26920/31651. Er ist Ihnen behilflich, an den Schlüssel zu kommen, welcher vom Dorfpräsidenten verwaltet wird.

Die Herberge ist das Gebäude bei dem großen Platz, gleich dort, wo Sie auf die Hauptstraße treffen. Das Kafenion ca. 100 m weiter oben auf der rechten Seite ist ein wenig hinter einem Eisenzaun versteckt. Hier werden auch einfache Mahlzeiten aus dem Familientopf angeboten.

5. Etappe: Pagrati - Vytina ➲ 22 km ⌛ ca. 6 Std. 30 Min.

Der weitere Weg führt gleich nach dem Kafenion nach rechts über eine Betonstraße. Dieser folgen Sie bis zu einer scharfen Linkskurve, wo ein E4-Markierungszeichen auf einer hohen Betonmauer, die ein Fichtenwäldchen abgrenzt, nach rechts weist. Die Steigung bringt Sie auf eine kleine Lichtung mit Blick über das Tal. Von der Lichtung aus gehen Sie nach links und nehmen den untersten Ziegenweg - es ist der E4. Den weiteren Wegverlauf können Sie am Hügel links vorne sehen. Am Ende dieses Ziegenweges treffen Sie auf einen Flurweg, der Sie zur Dorfmitte von **Dara** (☕ ✕ 🛒) führt.

In **Dara** gibt es Kafenions, Restaurants und Einkaufsläden, aber weder eine Herberge, noch Zimmer zu mieten.

Von der Dorfmitte in Dara gehen Sie ca. 2 km auf der Asphaltstraße Richtung Tripolis bis zur Kreuzung mit der Landstraße Tripolis-Kalavryta. Diese überqueren Sie und nehmen gleich an der Brücke die Straße nach rechts, Richtung **Prassino**. Bei der nächsten Abzweigung gehen Sie geradeaus

Dara

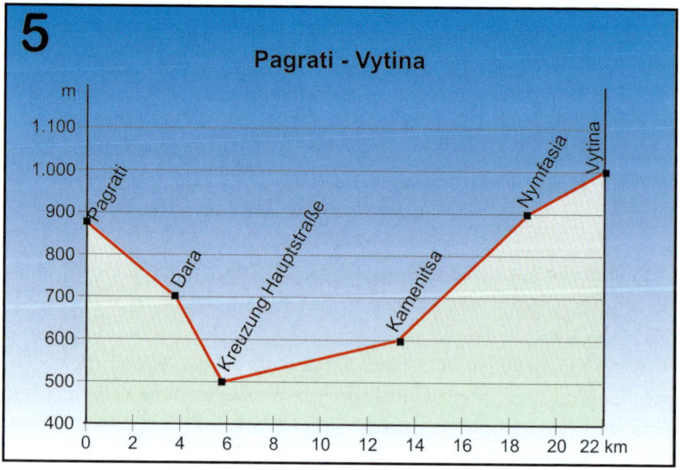
5
Pagrati - Vytina
m
1.100
1.000
900
800
700
600
500
400
Pagrati
Dara
Kreuzung Hauptstraße
Kamenitsa
Nymfasia
Vytina
0
2
4
6
8
10
12
14
16
18
20
22 km

weiter. Wenig später, bei einem ☕ ✕ Kafenion/Taverne, welches auch kleine Gerichte anbietet, wird die Straße bis nach Kamenitsa zu einer Schotterstraße. Diese immer geradeaus, sie ist zum Teil mit E4-Markierungszeichen versehen.

Dort wo diese Schotterstraße aufhört und Sie auf eine Asphaltstraße treffen, geht es auf dieser nach links, nach ca. 100 m erneut links, über die Brücke eines Trockenbaches und immer geradeaus weiter. Bei einem großen Platz mit einer kleinen Tränke davor, gehen Sie rechts ins Dorf hinein. Am Ende dieser Straße, bei einem Baum mit zwei Bänken, gehen Sie links und können ein E4-Markierungszeichen an einem Strommast sehen. Auf dieser Straße geht es weiter geradeaus, der Weg ist ab hier wieder markiert.

In **Kamenitsa** (☕) gibt es drei Kafenions, in denen man auch essen kann.

Die Strecke führt über eine (leider) neu asphaltierte Straße durch Wäldchen und Wiesen zur Hauptstraße Tripolis-Vytina hoch. Der Hauptstraße folgen Sie für ca. 200 m nach rechts und biegen dann rechts in eine Kiesstraße ein. ✋ Keine E4-Markierungszeichen an der Kreuzung!

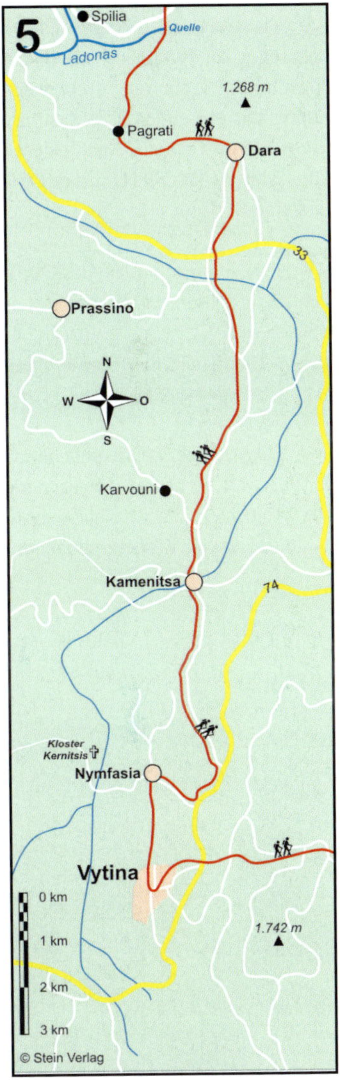

☺ Hinweis: Ca. 200 m weiter befindet sich auf der rechten Seite des Kiesweges ein Privathaus mit einem runden Observatorium auf dem Dach sowie einem Wohnwagen, ebenfalls mit einem Observatorium (eine runde Kuppel mit von außen nicht sichtbarem Teleskop im Innern, für einen "Blick in die Sterne") darauf. Nach einem weiteren Kilometer gelangen Sie in den Ort **Nymfasia** (☕ ✕). Um den Dorfplatz verteilt gibt es Kafenion, Taverne und eine Bäckerei.

☺ Ca. 3 km außerhalb des Dorfes, Richtung Kloster "Kernitsis", befindet sich in der Einsamkeit die 🛏 Hotel-Anlage Agropolis mit mehreren kleinen Häuschen.

♦ ganzjährig, für Reservierungen, Kiriakos Katzijannis ☏ 27950/22151 und ☏ 6944248488.

✝ Das Kloster selbst befindet sich noch ca. 2 km weiter und ist einen Ausflug wert. Es thront verwegen auf einem Hügel inmitten von verschiedenen Schluchten und ist täglich von 8:00 bis 14:00 und ab 16:00 bis Sonnenuntergang für Besucher geöffnet.

Kloster Kernitsis

Vom Dorfplatz aus gehen Sie auf der Hauptstraße Richtung Vytina. Nach ca. 300 m geht es bei dem E4-Markierungszeichen an einem Strommast nach rechts (nicht die Straße geradeaus weitergehen, sie führt zur Hauptstraße Tripolis-Vytina, welche zu Fuß mühsam ist, weil sehr verkehrsintensiv!). Die asphaltierte Straße führt kurz hinunter in eine Senke und gleich wieder hinauf. 300 m weiter an einer scharfen Rechtskurve um ein Haus herum, gehen Sie nach links. Ein schlecht sichtbares, gemaltes E4-Markierungszeichen befindet sich an einem Pfosten. Ab hier führen bezeichnete Feldwege bis **Vytina** (✕ ⌘ 🛏 🚗 ⊞).

Vytina ist Sommer und Winter ein beliebter Ausflugsort, vor allem an Wochenenden. Es gibt Hotels aller Kategorien und auch viele Privatzimmer, in denen Sie unterkommen können. In vielen Läden werden lokale Spezialitäten angeboten und in den diversen Tavernen werden diese auf dem Teller serviert.

⌘ Bei dem Hauptplatz mit der großen Kirche befindet sich ein kleines Landesmuseum.

🛏 Die folgenden Hotels befinden sich im Zentrum von Vytina im Umkreis von etwa 300 m.

- Hotel Aigli, ☏ 27950/22316, 📱 6944552270, 💻 www.gto.gr, ✉ aegli@gto.gr
- Hotel Diasalmi, ☏ 27950/22650, 💻 www.diasalmi.com, ✉ diasalmi@otenet.gr
- Fremdenzimmer Vasiliki, ☏ 27950/22093, 📱 6946347444
- Fremdenzimmer Evangelia Anagnostopoulou, ☏ 27950/22290
- Traditionelles Gästehaus Panorama, ☏ 27950/22565, 📱 6944876535
- Traditionelles Gästehaus Sinoi (sehr empfehlenswert), ☏ 27950/22354, 📱 6944638974

🚗 Das Telefon der Taxizentrale ist nur selten besetzt, deshalb hier die Handynummern von drei Taxifahrern:

Panajotis Anastopoulos 📱 6973912049

Athanassios Konstantopoulos 📱 6944614001

Athanassios Kanellopoulos 📱 6972604010

⊞ Healthcentre, ☏ 27950/22222

6. Etappe: Vytina - Menalon-Hütte (⌛ 4 Std. 30 Min.) - Kapsia (⌛ 3 Std.)

➲ 25 km ⌛ ca. 7 Std. 30 Min.

Diese Strecke ist von der Landschaft her sehr reizvoll, jedoch zu einem großen Teil nur über Asphalt möglich. Eine Alternative ist, diese Etappe auszulassen und mit dem öffentlichen Bus ab Vytina Richtung Tripolis (oder mit Taxi über die sehr schöne Strecke Skigebiet-Tripolis) bis Kapsia zu fahren und von dort aus weiter zu Fuß (☞ nächste Etappe).

Der Bergsteigerverein von Tripolis bemüht sich, einen neuen Wanderweg zu schaffen, der den durch die neue Straße zerstörten ersetzen soll. Bei Drucklegung des Buches war es noch nicht so weit.

Wer den Asphalt für einmal nicht scheut und die wunderschöne Gegend trotzdem wandernd erleben möchte, hier die Wegbeschreibung:

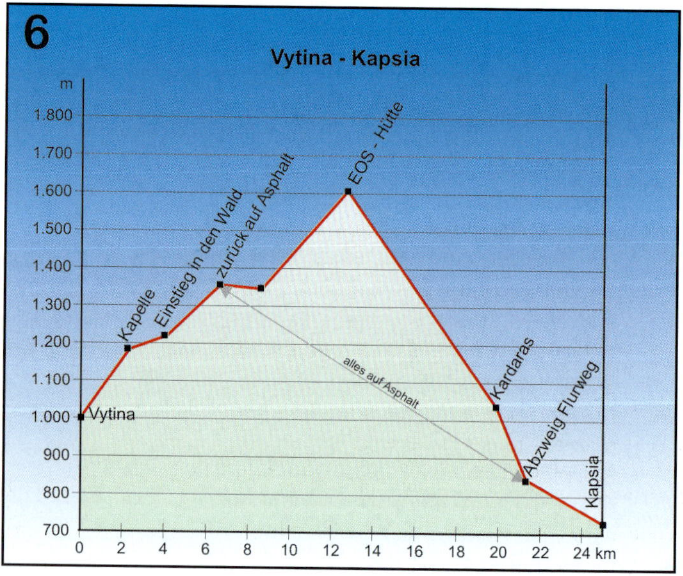

Vom zentralen Platz mit der großen Kirche gehen Sie 500 m auf der Straße Richtung Tripolis. Zwischen der Schule und dem Hotel "Aigli", biegen Sie rechts in eine Querstraße ein, und gehen sofort wieder links (roter Punkt am Strommast als Markierung) und wandern Richtung Berg. Gegen Ende des links von Ihnen liegenden, eingezäunten Erholungs-Wäldchens befindet sich ein rot gemalter Pfeil auf einer Straßenlampe. Diesem **nicht** nach rechts folgen, sondern geradeaus weitergehen.

Nach ca. 300 m, nach einem alten Industriegebäude, gehen Sie bei einer Weggabelung nach rechts zu einem Stopp-Schild an der Hauptstraße hoch und überqueren diese geradlinig.

Am Ende dieses Asphaltsträßchens treffen Sie auf eine eingezäunte Kapelle sowie rechter Hand auf ein eingezäuntes Haus im Chaletstil mit grünem Dach. Sie nehmen die Zufahrt zu diesem Chalet und gehen gleich wieder links (ein paar rote Farbkleckse befinden sich auf einem Stein am Wegrand) in die Wiese hinein und bis zum Waldrand hoch. Dort treffen Sie auf einen Ziegen- und Traktorweg und folgen diesem nach rechts bis zu einer Schotterstraße, der Sie links hoch bis zur Straßenkreuzung Skigebiet/Alonistaina

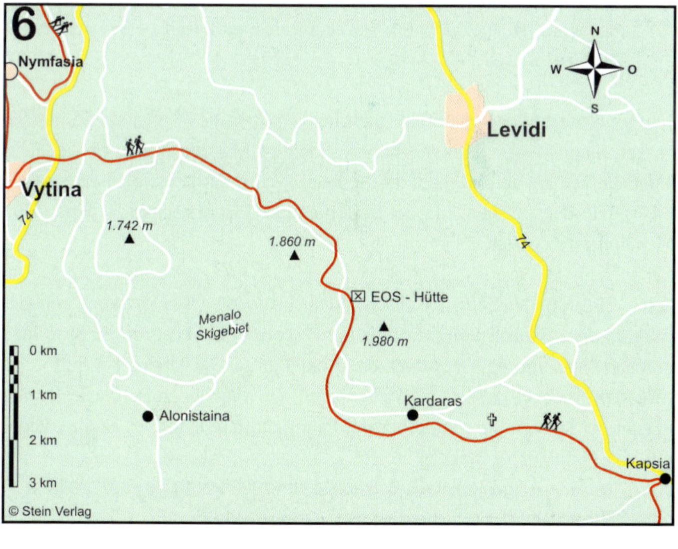

folgen. Nun führt der Weg an der Straße Richtung Skigebiet (E4-Markierungszeichen an der Kreuzung) entlang. Nach ca. 800 m halten Sie nach einem E4-Markierungszeichen Ausschau, dass Sie nach rechts in eine Schlucht mitten im Wald hineinführt. Sehr gute Markierung durch die zum Teil sehr steile Schlucht.

Wenn Sie nach ca. 1 Std. kurz vor der Passhöhe wieder auf Asphalt stoßen, haben Sie noch ca. 6,5 km Asphaltstraße bis zur Schutzhütte des EOS ("**E**lliniko **O**riwatiko **S**ylogo" = Griechischer Bergsteigerverein) zu gehen. Die Hütte befindet sich etwas oberhalb der Hauptstraße auf der linken Seite.

Die **Hütte des EOS** von Tripolis auf der Hochebene von Ostrakina (1.600 m.ü.M.) ist für 30 Personen in 6-er und 8-er Zimmern mit Kajütenbetten ausgelegt, mit Heizofen, Kamin und Küche.

- Sie ist jedes Wochenende, sowie an Feiertagen von Okt. bis April geöffnet und bewirtschaftet. Ansonsten mit EOS Tripolis (☏ 27210/232243, jeweils Mo bis Fr 19:00 bis 21:00 oder 6947095960) oder direkt mit dem Hüttenwart Jorgos Sykaras, 6944154505, Kontakt aufnehmen, damit sie geöffnet wird. Für einzelne Personen wird die Hütte nur ungern geöffnet.

Der weitere Wegverlauf führt mehrheitlich über die Asphaltstraße, die Sie immer wieder mal abkürzen können - auf E4-Markierungszeichen achten! Nach ca. 7,5 km ab der Schutzhütte, beim Weiler **Kardaras**, befindet sich ein E4-Markierungszeichen links der Straße und ein Hinweisschild zu den "*Ostra* Menalon Luxury Suites".

Hier können Sie sich eine wirklich luxuriöse Übernachtung gönnen, nach all dem Asphalt unter Ihren Füßen … oder die Reise für ein paar Tage unterbrechen und später fortsetzen. Anmerkung: Die Übernachtungspreise variieren erheblich zwischen Wochentagen und Wochenende. Im Restaurant gegenüber können Sie wunderbar mit Panoramasicht essen, es ist aber leider nur von Oktober bis März geöffnet.

- Reservierungen Nikolaos Tsimoulos, ☏ 27960/22743, 6977286811, ganzjährig, mit Kochgelegenheit, www.ostra.gr

Menalonhütte

Um weiter nach Kapsia zu kommen, gehen Sie noch weitere ca. 1,5 km die Asphaltstraße entlang bis zum Fuße des kleinen Hügels auf der rechten Seite. Hier führt ein Flurweg nach rechts, ein E4-Markierungszeichen befindet sich etwa 20 m von der Hauptstraße entfernt auf einer schwarz-gelb gestrichenen Stange. Dieser Weg führt direkt nach **Kapsia** (🛏 ☕ ✕ 🛒 🚗).

🛏 Hier gibt es Kafenions, Tavernen und Einkaufsmöglichkeiten, aber es gibt nur eine "öffentliche" Übernachtungsmöglichkeit und die ist in einem Landgasthof der gehobenen Klasse, dem "Archontiko Kalteziotis" - es soll sogar eine der luxuriösesten Landherbergen in ganz Griechenland sein.

Sie befindet sich gleich hinter der großen Kirche an der Hauptstraße, ist ganzjährig geöffnet und bietet Swimmingpool, Sauna, Hamam, Aromatherapie, diverse Massagen und mehr. Das Hotel lebt vor allem von Wochenendtouristen aus Athen und ist trotz den hohen Preisen (DZ € 120 bis 175) an Wochenenden meistens ausgebucht.

♦ ☎ 27102/35822 für Reservierungen, 💻 www.kaltezioti.gr, ✉ info@kaltezioti.gr

Wer weder in den "Ostra-Menalon Luxury Suites" (Kardaras), noch im "Archontiko Kalteziotis" (Kapsia) übernachten möchte, kann ab Kapsia mit Taxi (Taxi-Zentrale Tripolis, ☏ 2710/226220-233121) nach Tripolis fahren, wo es Hotels gibt, und am nächsten Tag wieder mit Taxi hierher zurück, um die Wanderung fortzusetzen.

7. Etappe: Kapsia - Tripolis ➲ 12 km ⌛ ca. 4 Std.

Um nach Tripolis weiterzuwandern, starten Sie vom Zentrum in Kapsia und gehen ein Stück auf der Hauptstraße zurück Richtung Vytina/Kalavryta bis zum E4-Markierungszeichen an einer Stange am Dorfausgang. Hier biegen Sie links auf eine Feldstraße ein und wandern aufwärts bis zu einem Häuschen. Dort endet die Feldstraße und Ihre weitere Route verläuft auf Ziegenwegen durch eine Enge in Richtung Tripolis. Die Strecke ist gut markiert und nach ca. 1 Std. 30 Min. gelangen Sie zur Kapelle "Ag. Georgios". Von hier führt ein Fahrweg, zum Teil Kies, zum Teil Beton, bis zum Dorf **Perithori**.

Im Dorf bleiben Sie auf der Straße, die nach links zum Gebäude der ehemaligen Dorfschule (heute Kulturzentrum = πνευματικό κέντρο) führt. Dort befindet sich auch der Dorfplatz, mit einem E4-Markierungszeichen an einen großen Baum gemalt. Folgen Sie der Straße links am Ende des Platzes und biegen gleich wieder rechts ein. 50 m weiter können Sie ein E4-Markierungszeichen an einem Strommast sehen. Gleich danach wird die Straße zu einer kleinen Feldstraße. Auf dieser bleiben Sie und kommen zu einer leicht ansteigenden Kurve und später in eine breite Schlucht. Dieser nun steinigen Straße folgen Sie für ca. 2 km, bis sie, am Eingang eines militärischen Schießgeländes, in eine Asphaltstraße übergeht.

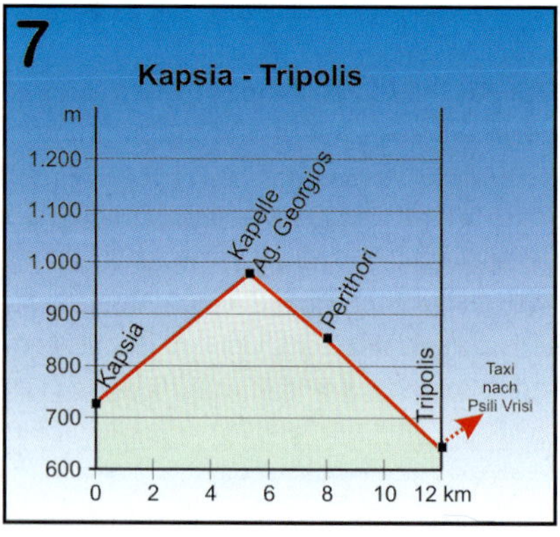

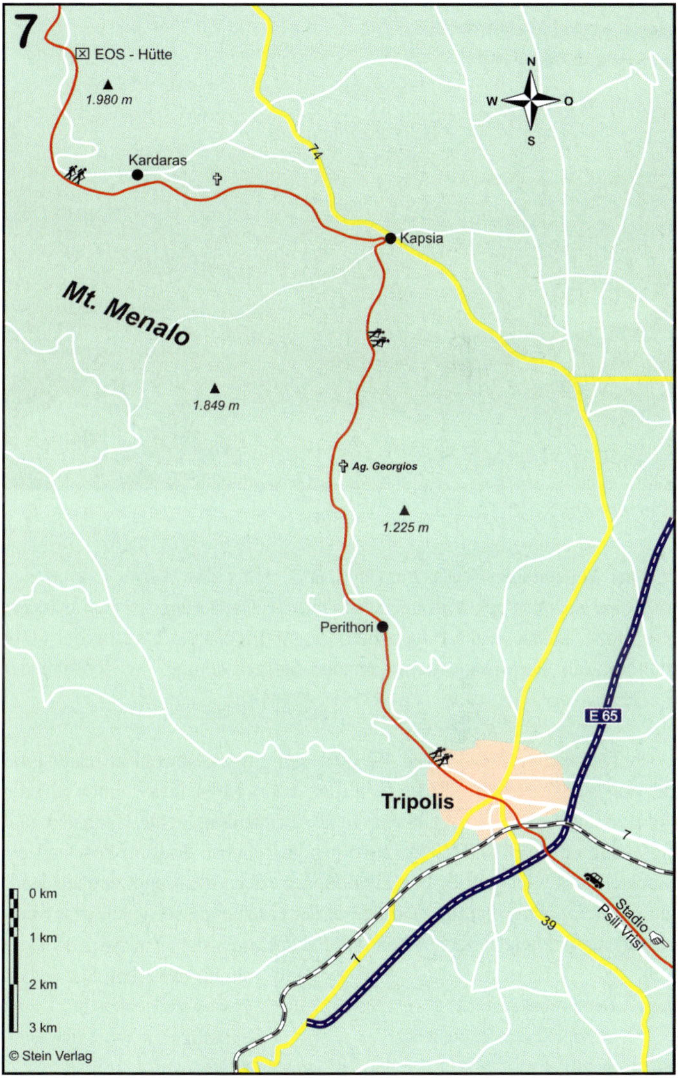
7
EOS - Hütte
1.980 m
Kardaras
74
N
W
O
S
Kapsia
Mt. Menalo
1.849 m
Ag. Georgios
1.225 m
Perithori
E 65
Tripolis
7
Stadio
Psili Vrisi
39
7
0 km
1 km
2 km
3 km
© Stein Verlag

Hier entlang nach Tripolis

Hier beginnt die Zivilisation: links und rechts des Weges jede Menge Müll. Sie wandern auf dieser ebenfalls mit E4-Markierungszeichen markierten Straße, bis sie in die Hauptstraße Pyrgos-Tripolis am Eingang der Stadt mündet. Auf dieser Landstraße kommen Sie geradewegs ins Zentrum der Stadt.

In **Tripolis** (✕ 🛒 BANK 📯 ➕ 🚌 🚆 🚗) gibt es, obwohl es relativ groß ist, nur wenige Hotels, alle im Zentrum, ohne große Klassenunterschiede. Privatzimmer gibt es so gut wie keine. Restaurants, gute Tavernen und Geschäfte aller Art sind zahlreich vorhanden, ebenso Banken, Post und ein Krankenhaus. Auch gibt es Busverbindungen nach Athen und zu allen Städten des Peloponnes und den Dörfern in der Umgebung sowie ein paar wenige Zugsverbindungen nach Athen und Kalamata.

🛏 Hotel Anaktoriko, ☎ 2710/222545-225545, 💻 www.anaktorikon.gr, ✉ anaktorikon@otenet.gr

♦ Hotel Arkadia, ☎ 2710/225551, ✉ arcadia2@otenet.gr

- Hotel Alex, ☏ 2710/223455-223456
- Hotel Menalon-Resort, ☏ 2710/222450-224747, www.mainalonhotel.gr, mainalon@otenet.gr
- Hotel Artemis, ☏ 2710/225221
- Hotel Galaxias, ☏ 2710/225195, mark@tri.forthnet.gr
- Taxi-Zentrale, ☏ 2710/226220-233121
- Der neue Busbahnhof befindet sich an der Hauptstraße Richtung Argos/Athen, ca. 800 m vom Zugbahnhof entfernt, ☏ 2710/222560.
- Krankenhaus, ☏ 2710/371700

8. Etappe: Tripolis (mit Taxi bis Psili Vrisi) - Agios Petros

23 km ca. 6 Std. 30 Min.

Die oben angegebene Wanderzeit bezieht sich auf den Start zu Fuß in Psili Vrisi.

Es fährt ab 8:00 stündlich ein Bus nach Stadio, jedoch nur zweimal am Tag, um 6:45 und um 14:00, bis zum Dorf Psili Vrisi. Der neue Busbahnhof befindet sich an der Hauptstraße Richtung Argos/Athen, ca. 800 m vom Zugbahnhof entfernt.

Für den Weg nach Stadio (10 km) gibt es keine Alternative zur Asphaltstraße, diese ist jedoch nicht stark befahren. Bis Psili Vrisi sind keine E4-Markierungszeichen vorhanden.

Wer von Stadio aus startet, folgt den Verkehrsschildern erst nach Jokareika, dann nach Garea und zuletzt nach Psili Vrisi.

Wir haben die € 8 für ein Taxi ab Tripolis bis Psili Vrisi gerne bezahlt, denn wir wollten nicht schon wieder 14 km Asphalt unter die Wanderschuhe nehmen.

Bei Ankunft in Psili Vrisi geht es durch den linken, oberen Dorfteil. Am Ende des Dorfes nehmen Sie den Weg, der rechts weggeht. Nach ca. 1 Std.

Quelle

erreichen Sie die Kapelle "Panagia", wo eine beeindruckende Platane steht und es eine 💧 Quelle mit Trinkwasser gibt. Hier verlassen Sie die Feldstraße und gehen, dem E4-Markierungszeichen folgend, ins Bett des Trockenbaches "Dolianitis", das rechts der Straße verläuft. Ca. 10 Min. später kreuzt das Bachbett die Asphaltstraße Tripolis-Ano Douliana. Sie überqueren die Straße und wandern ca. 1 Std. im Bett des Trockenbaches weiter hoch. Bei einer aufsteigenden Straße, rechts des Trockenbachs, zweigen Sie rechts ab und gelangen nach ca. 10 Min. zur Asphaltstraße am Dorfeingang. Folgen Sie dieser für ca. 5 Min. und biegen dann links in einen gepflasterten Weg ein.

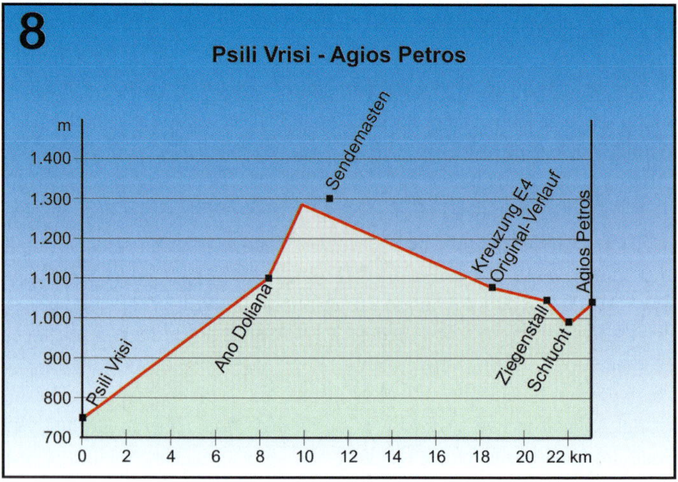

Die E4-Markierungszeichen führen Sie an der Kirche "Ag. Georgios" vorbei, weiter durch schmale Gassen und Treppen des Dorfes, und bringen Sie nach ca. 10 Min. zum Dorfplatz. Der kleine Umweg über die Gassen lohnt sich!

Im Trockenbach

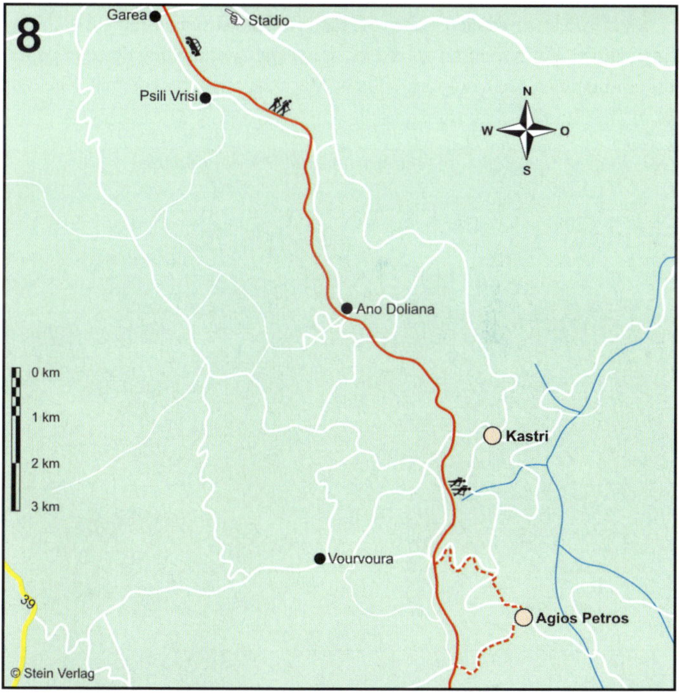

Das Dorf **Ano Doliana** (☕ ✕ 🛏) ist ein Sommerausflugsort und viele Häuser werden nur im Sommer bewohnt. Am Dorfplatz gibt es ein Kafenion, Tavernen, sowie ein Viersternehotel.

🛏 Hotel "1821", ☏ 2710/234031, 📱 697666034, 💻 www.dol1821.gr, ✉ dol1821@gmail.com

Um nach Ag. Petros weiterzukommen, gehen Sie gegen Ende des Dorfes, ca. 100 m vor einem grünen Haus, rechts einen Betonweg hinauf. Der Weg verläuft steil nach oben und kreuzt die Asphaltstraße, die von Kastri zu den Fernsehmasten auf dem Hügel führt.

Um diese Asphaltstraße zu erreichen, helfen Ihnen drei Starkstrommasten als Orientierungshilfe, denn E4-Markierungszeichen sind nicht immer einfach zu finden, die Richtung ist jedoch klar:

Wenn Sie hochschauen, sehen Sie die drei Starkstrommasten auf dem einzigen Hügel, der wandernd zu erreichen ist. Die zwei rechten der drei anpeilen und immer steil aufwärts durch Macchiagestrüpp, kommen Sie zur

Der Weg ist das Ziel - im Hintergrund das Parnongebirge

Asphaltstraße. Auf der Straße suchen Sie den sehr gut markierten Einstieg in die Macchia auf der gegenüberliegenden Seite (bei einer Gabelung der Straße, zwischen den rechten zwei Strommasten) und folgen dem zertrampelten Ziegenpfad bis ans Ende zu einer Feldstraße. Diese geht es links hinauf (nicht halbrechts!), keine E4-Markierungszeichen und immer geradeaus.

Dann ist die Markierung wieder gut bis zu einer Kreuzung mit vier Feldwegen. Hier nicht links oder rechts, sondern geradeaus weitergehen! Ein E4-Markierungszeichen an der Kreuzung fehlt. An der Kreuzung selbst befindet sich eine gemauerte Zisterne und ein Schrottauto, das, dem Alter nach zu urteilen, immer noch dort sein wird, wenn Sie nach dem Weg suchen. Diesen Weg nicht verlassen, er führt Sie zur Asphaltstraße nach Agios Petros.

Hier geht es nach links und wenige Meter später führt der E4 nach rechts hoch, ca. 2,7 km über einen Flurweg und wieder hinunter nach Ag. Petros, über ca. 3,3 km Asphaltstraße.

Anmerkung: Es bietet sich eine kürzere Variante an, um ab hier ins Dorf zu kommen (außerdem brauchen Sie den Rückweg ins Dorf nicht zweimal zu machen, denn dieser ist auch der Start der nächsten Etappe):

Folgen Sie nicht den E4-Markierungszeichen rechts hoch, sondern bleiben Sie auf dieser Straße, bis sie in die Hauptstraße einmündet, und gehen dort nach rechts.

Sie können die große Schlaufe, die die Straße beschreibt, abkürzen und auf folgende Weise den größten Teil Asphaltstraße umgehen:

Nach ca. 200 m, bei einem mit Stacheldraht umzäunten Rebhang, folgen Sie dem Betonweg links der Straße bis zu einigen Schafstallungen bergab. Ab hier folgen Sie einem Fußpfad, welcher Sie über einen steilen Abstieg zum Grund der Schlucht bringt. Auf der anderen Seite der Schlucht gehen Sie den Feldweg hinauf und am Friedhof vorbei, ins Zentrum von **Agios Petros** ( ).

Hier gibt es Erfrischungen in verschiedenen Kafenions, Restaurants und Tavernen sowie Übernachtungsmöglichkeiten.

Hotel Parnon, 27920/31245, 6944808727, www.hotelparnon.gr, unter sehr herzlicher Leitung von Kiria Dimitra, empfehlenswert!

Taxi Thanassis Karmantzanis, 6945850072

9. Etappe: Agios Petros - Vresthena

19,5 km ca. 6 Std.

Alternativ können Sie mit Taxi oder Autostopp von Agios Petros Richtung Tripolis fahren und die Straße links hinauf Richtung Vourvoura nehmen. Dann steigen Sie den links abzweigenden Feldweg hinauf, den Sie bei der vorangegangenen Etappe nicht beachtet haben. Der nur mit wenigen E4-Markierungszeichen beschilderte Weg führt aufwärts zur Kuppe. So können Sie die Asphaltstraße umgehen und es ist ungefähr gleich weit. Ansonsten:

Vom Dorfplatz gehen Sie ein Stück zurück auf der Straße Richtung Tripolis. Bei der ersten Straßengabelung biegen Sie links in die Asphaltstraße nach Karyes ein. Dieser folgen Sie für ca. 3,3 km bis zu der Kuppe (von rechts mündet ein Feldweg ein, der "Umweg" des E4).

Kurz nach der Kuppe führt ein Forstweg links hoch. Diesem breiten Forstweg folgen Sie immer geradeaus. Nach ca. 1,2 km, bei der ersten Kreuzung gehen Sie rechts. Auf dem ganzen Stück sind keine E4-Markierungszeichen (mehr) vorhanden. Sie folgen diesem Feldweg durch Wälder, bis Sie nach ca. 3,5 km auf eine Querstraße stoßen und auf dieser nach rechts weitergehen. Nach ca. 1,5 km erreichen Sie das Zentrum von **Karyes** ( ).

Karyes

Rund um den Platz mit der großen Kirche gibt es verschiedene Kafenions und Tavernen, sowie Einkaufs- und Übernachtungsmöglichkeiten.

🛏 Gästehaus Karyes,
☎ 27310/95185, 📱 6973772842

♦ Gästehaus Ta Petrina,
☎ 27310/95043, 📱 6973983063

♦ Gästehaus To Agnantio,
☎ 27310/95188, 📱 6974975387

✕ Eine sehr gute Taverne befindet sich ca. 200 m unterhalb der großen Kirche, auf der linken Seite der Durchgangsstraße des Dorfes.

Kurz nach dieser Taverne, bei einer Straßenverbreiterung mit drei kleinen Inseln in der Straßenmitte, weist ein E4-Markierungszeichen nach rechts.

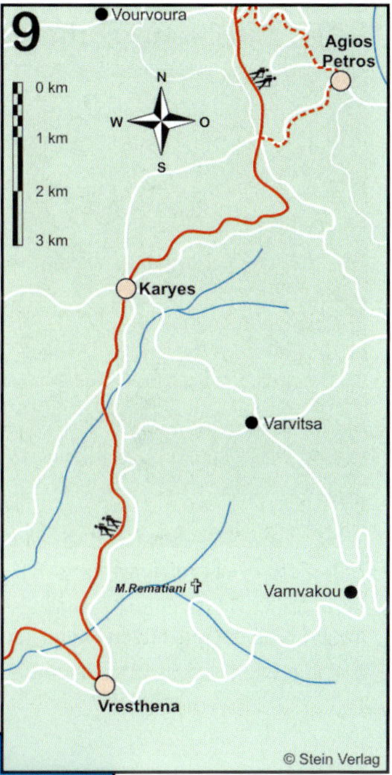

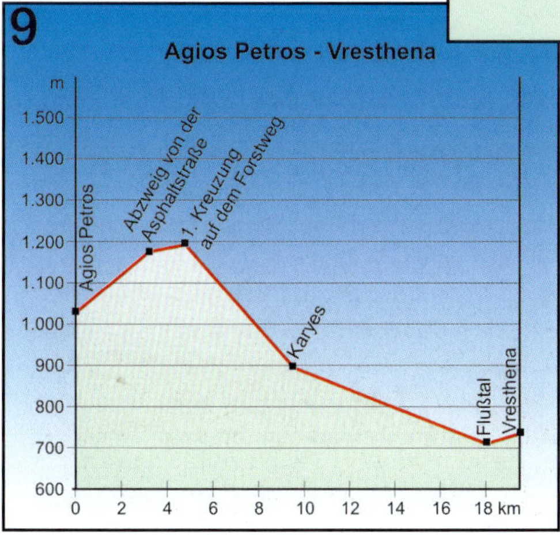

Wenige Meter danach nehmen Sie die kleine Asphaltstraße nach links, die kurz darauf in einen Feldweg übergeht. Nach ca. 1,2 km nehmen Sie bei einer Gabelung den linken Weg. Er führt zu einem Bach hinunter und bringt Sie später an eine Kreuzung mit einem

Flüss(chen)überquerung

größeren Forstweg. Hier nach rechts gehen und immer auf dem spärlich mit E4-Markierungszeichen beschilderten Weg bleiben, der Sie in ein Flusstal kurz vor dem Dorf Vresthena bringt. Auf der anderen Seite des Flusstals geht es wieder hinauf, bis nach **Vresthena** (☕ ✕ 🛒 🏠).

Hier gibt es ein paar Kafenions und Tavernen, Einkaufsmöglichkeiten, sowie eine großzügige kommunale Herberge. Wenn Sie hier übernachten möchten, sollten Sie am besten den Schlüssel ein bis zwei Tage vorher telefonisch bei der Gemeinde (☏ 27310/94123) anfragen. Ansonsten helfen Ihnen die Einwohner weiter, um den Schlüssel zu bekommen. Dazu in den Tavernen nachfragen.

10. Etappe: Vresthena - Theologos

➲ 14,5 km ⌛ ca. 5 Std. 30 Min. (Theologos - Sparta mit Taxi)

Zur Fortsetzung Ihrer Tour gehen Sie gegenüber der großen Hauptkirche den kleinen, steilen Betonweg hinunter, der von der Durchgangsstraße weggeht (ein E4-Markierungszeichen befindet sich an einem Strommast). Über diesen Weg gelangen Sie zum Flussbett, unterhalb des Dorfes.

Eigentlich ist es eher ein Bach, der sich durch das Tal windet, je nach Wasserstand kann er aber auch schon mal einem Fluss ähnlich sein. Ich bleibe deshalb beim Ausdruck Fluss.

Der Weg führt am Flussbett entlang, jedoch bleiben Sie am besten auf den Fahrwegen, da das Laufen im Flussbett eher mühsam sein kann. Es beginnt eine sehr schöne Flusstalwanderung! Nach ca. 1 Std. 15 Min. ab Vresthena gelangen Sie an eine Mündung, bei der von rechts ein kleiner Bach zufließt.

Hier nicht den Fahrweg rechts hoch (!), sondern weiter dem Flussbett folgen. Ab hier wird es je nach Wasserstand ein wenig umständlicher als bisher, da Sie den Fluss immer wieder überqueren müssen. Nach weiteren 45 Min. kommen Sie an eine Quelle, aus der Wasser über den Weg fließt. Auf der linken Seite des Baches steht, ein wenig im Wald versteckt, ein altes Haus. Gleich nach der Quelle kommen Sie automatisch zu einem kleinen Forstweg, an dessen Anfang ein kleiner Olivenhain steht. Diesem Weg folgen Sie bis zu einer Asphaltstraße. Links führt eine Brücke über den Fluss, die Sie jedoch ignorieren. Vielmehr überqueren Sie die Asphaltstraße geradeaus und folgen dem gegenüberliegenden Feldweg. Achten sie dabei gut auf die E4-Markierungszeichen, sie sind nicht immer sehr gut zu erkennen und Sie müssen einen Weg erwischen, der nach rechts wegführt.

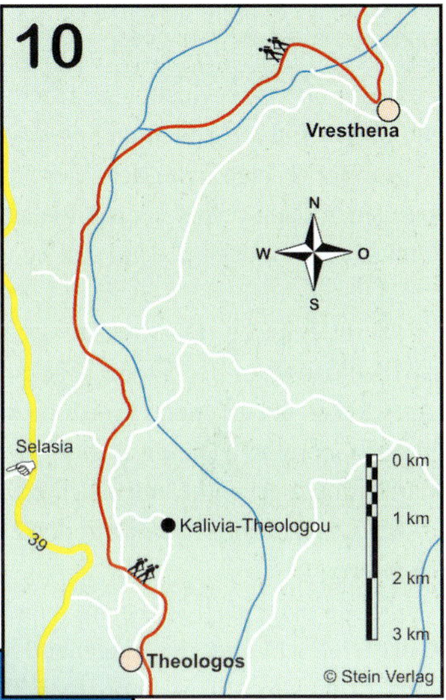

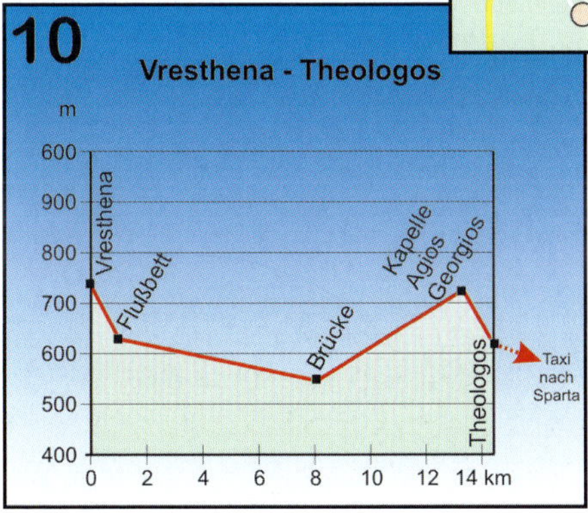

Wenn Sie diese Abzweigung nach rechts verpassen oder nicht finden, nicht so schlimm. Der Weg führt wieder hinunter in die Nähe des Flusses, auf eine größere Wiese.

Der Fluss sieht an dieser Stelle aus wie eine Furt, da auf der anderen Seite eine Betonstraße herunterführt. Es verlaufen außerdem zwei große Wasserleitungen über den Fluss. Eine Überquerungsmöglichkeit über den Fluss ist hier aber nicht vorhanden und es wäre auch die falsche Richtung!

Auf der rechten Seite der Wiese folgen Sie ca. 200 m dem Trampelpfad und gehen dann rechts ein arg steiles Stück bei Starkstrommasten hoch. So kommen Sie wieder auf den Feldweg und somit auf den E4.

Dieser Feldweg (E4-Markierungszeichen) führt zur Asphaltstraße Selassia-Theologos. An der Straße angekommen, folgen Sie dieser nach links für ca. 1,5 km bis zu einer Kreuzung mit einer Hinweistafel zu der Kapelle "Agios Georgios". Diesen Feldweg geht es in Richtung Kapelle hinauf, E4-Markierungszeichen befinden sich etwa 150 m weiter oben am Weg.

(Die Asphaltstraße führt um den Hügel und über Kalivia-Theologos nach Theologos.)

Der E4 biegt nach 300 m nach rechts ab (der linke Weg führt zu den Sendemasten hoch) über den Hügel und hinunter zur Asphaltstraße, welcher Sie nach rechts für ca. 1,5 km bis nach **Theologos** folgen.

Richtung Sparta

Von dort fordern Sie am besten ein Taxi aus Sparta an, da keine Übernachtungsmöglichkeit in Theologos vorhanden ist und der Weg nach Sparta (9 km) nur noch über die Asphaltstraße führt.

In **Sparta** (🛏 ✕ ⊞ 🚌 🚗 ⌘) gibt es Hotels und Pensionen sowie Tavernen und Restaurants aller Klassen. Es ist die Hauptstadt der Präfektur Lakonien. Es gibt ein Krankenhaus und Busverbindungen in alle größeren Orte des Peloponnes und nach Athen sowie in die Dörfer der Umgebung.

⌘ Besonders sehenswert ist das sehr geschmackvoll gebaute und eingerichtete Oliven- und Olivenölmuseum an der *Othònos Amalìas-Str. 129.*

♦ ☏ 27310/89325, 🚪 11. April bis 10 Okt. 10:00 bis 14:00 und 17:00 bis 19:00, 11. Okt. bis 10. April 10:00 bis 16:00, Di geschlossen

🛏 Die folgenden Hotels befinden sich im Zentrum von Sparta im Umkreis von etwa 400 m.

♦ Hotel Apollo, ☏ 27310/22491

♦ Hotel Cecil, ☏ 27310/24980

♦ Hotel Dioscouri, ☏ 27310/28484, 💻 www.dioscouri.gr, ✉ info@dioscouri.gr

♦ Hotel Lakonia, ☏ 27310/28951

- Hotel Lida, ☏ 27310/23601, www.gtp.gr/lidahotel, lidahtl@otenet.gr
- Hotel Maniatis, ☏ 27310/22665, www.maniatishotel.gr, info@maniatishotel.gr
- Hotel Meneleon, ☏ 27310/22161, www.menelaion.com, info@menelaion.com
- Hotel Sparta Inn, ☏ 27310/21021, www.spartainn.gr, info@spartainn.gr

Taxi-Zentrale, ☏ 27310/25300-26100-24100

Der Busbahnhof befindet sich außerhalb des Zentrums, an der Umgehungsstraße Tripolis-Gythion, ☏ 27310/26441.

Krankenhaus, Joan. & Kat. Grigoriou, 23100 Sparta, ☏ 27310/28671

11. Etappe: Sparta - Anavryti

15 km ca. 4 Std. 30 Min.

Es bietet sich an, die alte von den Franken erbaute und später ins byzantinische Reich übergegangene Stätte von Mystras zu besuchen. Es ist eine der schönsten und am besten erhaltenen Grabungsstätten auf dem Peloponnes, deren Besuch sich lohnt. Sie müssen für einen Besuch, inkl. Wanderung hin und zurück ab Mystras, mit ca. 3 Std. rechnen.

☺ Mein Tipp ist, direkt ab Sparta mit einem Taxi zum Eingang zu fahren, die Stätte zu besichtigen und die heutige Etappe ab der Stätte zu beginnen.

Ansonsten:
In Sparta gibt es noch keine E4-Markierungszeichen zum gepflasterten Weg nach Mystras. Beim großen Zentralplatz (wo eine Verkehrstafel nach Mystras weist) gehen Sie die Doppelstraße (Lykourgou) hoch und folgen ihr bis ans Ende, wo sie auf eine Querstraße trifft.

Anmerkung: An der Lykourgosstraße Nr. 134 befindet sich ein sehenswerter alter Fotoladen von Herrn Georgiadis. Der Sohn, Vasilis Georgiadis (6974454079) ist der Präsident des Bergsteigervereins Sparta. Hier können Sie auch die letzte Ausgabe der Karte (Anavisi 1:50.000) für das Tayge-

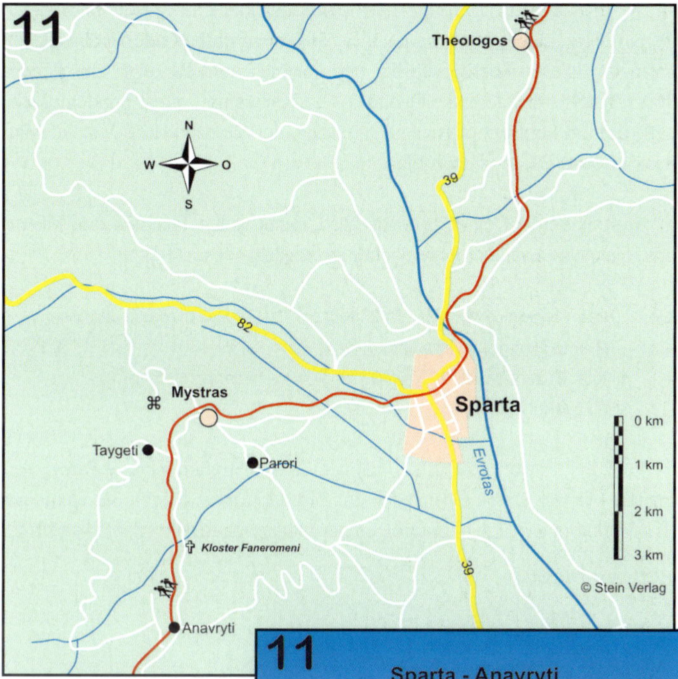

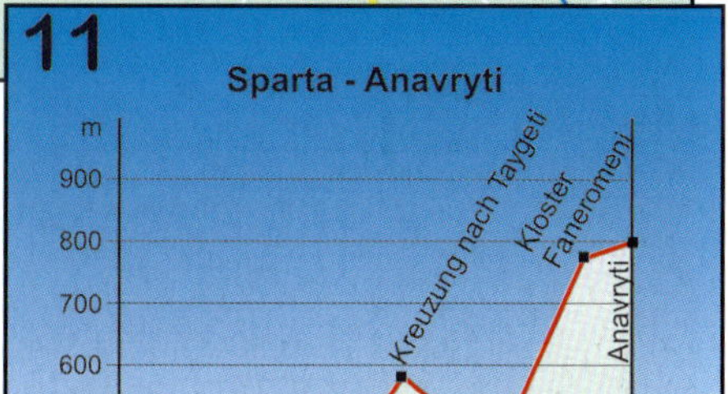

tosgebirge erstehen, dessen Kauf ich Ihnen empfehle, denn auf der Rückseite enthält diese Karte die markierten Wanderwege des Taygetosgebirges.

Über Vasilis können Sie auch eine allfällige Reservierung der Schutzhütte (☞ nächste Etappe) vornehmen.

Sie überqueren die Straße und folgen der kleinen Asphaltstraße gleich gegenüber geradeaus, bis Sie nach ca. 500 m an deren Ende an einen Bach gelangen. Diesen überqueren Sie und kommen zum Parkplatz des gegenüberliegenden Restaurants "Dyonissios". Hier beginnt, direkt bei dem Bachbett, der mit Kopfsteinpflaster gelegte Weg, der Sie nach ca. 1 Std. 30 Min. nach **Mystras** (✗ ☕ 🛒 🛏) führt.

Mystras ist ein kleiner, touristischer Ort mit vielen Tavernen und Kafenions, Einkaufs- und auch Übernachtungsmöglichkeiten.

🛏 Hotel Pyrgos of Mystras, ☎ 27310/20770, 💻 www.pyrgosmystra.com, ✉ info@pyrgosmystra.com

♦ Hotel Byzantion, ☎ 27310/83309, 💻 www.byzantionhotel.gr ✉ byzanhtl@otenet.gr

Vom Zentralplatz in Mystras nehmen Sie die Straße Richtung Parori, Ag. Ioannis. An der ersten Ecke, noch auf dem Dorfplatz, biegen Sie rechts ein (E4-Markierungszeichen) und folgen der markierten Straße ca. 3,5 km bis zu

Blick auf Mystras

einer Gabelung. Die Straße rechts führt nach Taygeti. Sie gehen jedoch aufwärts weiter und gelangen nach ca. 1 Std. an eine Schlucht, wo sich unter riesigen Platanen die kleine Kapelle "Metamorfosis Sotiras" befindet. Neben der Kapelle befindet sich eine Quelle mit kühlem Wasser. Der Verlauf des E4 von Mystras bis hierher führt über Forstwege.

Um bis hierher zu kommen, bietet sich von Mystras aus eine schönere Variante an, die jedoch nicht der E4 ist. Dieser Weg führt durch eine Schlucht, in der auf zum Teil abenteuerliche Art und Weise eine Wasserleitung verlegt wurde:

Vom Zentralplatz in Mystras aus wandern Sie ca. 1 km auf der Asphaltstraße nach Parori. An einem ✕ Restaurant auf der rechten Seite, mit einem kleinen Wasserfall am hinteren Ende der Terrasse (hier kann man sehr gut Forellen essen!), gehen Sie vorbei. Gleich nach der Brücke auf ein Wanderschild (rotes Dreieck) auf der rechten Seite achten, das nach rechts hinauf weist. Ab hier können Sie nichts mehr falsch machen und Sie kommen zum oben beschriebenen Platz, bei der Kapelle "Metamorfosis Sotiras".

Im Taygetosgebirge

Sie überqueren die Schlucht und wandern ca. 1 Std. aufwärts auf den Kehren der Forststraße zum ✝ **Kloster Faneromeni**. Das Kloster wird von nur einem Mönch bewohnt und hat Übernachtungszimmer, die für Pilger einer einmal jährlich stattfindenden Feier bestimmt sind.

Der Wanderweg mit E4-Markierungszeichen verläuft neben der Asphaltstraße, über die Sie **Anavryti** (🛏 ✕ ☕) nach 20 Min. erreichen können. Es lohnt sich, den Wanderweg zu gehen und nicht auf der Straße zu bleiben!

🛏 ✕ Im Dorf gibt es ein neu umgebautes, gemütliches Gästehaus, wo auch einfaches und gutes Essen angeboten wird. Des Weiteren gibt es ein Kafenion und ein rustikales Restaurant, welche an Wochenenden gut besucht sind mit Leuten aus Sparta, die ein wenig Bergfrische suchen.

🛏 Gästehaus To Antamoma, ☎ 27310/81595, 📱 6974605167, 💻 www.antamoma.com, ✉ antamoma@pcsexperts.com, 🚪 ganzjährig allerdings von Oktober bis April nur Fr bis So

Anavryti

12. Etappe: Anavryti - Schutzhütte Taygetos

➲ 13 km ⌛ ca. 5 Std. 30 Min.

Dieses Teilstück ist sehr gut markiert und wird oft von Gruppen des Bergsteigervereins Sparta begangen.

Ab dem Dorfplatz folgen Sie der Straße Richtung Sochas. Nach ca. 100 m befindet sich auf der rechten Seite ein Brunnen. Hier nach rechts, auf den betonierten Weg einbiegen, der bald danach in einen Feldweg übergeht. Den E4-Markierungszeichen folgend, gelangen Sie zu der Quelle "Platanitsa". Danach überqueren Sie eine Holzbrücke sowie eine Flurstraße und kommen an der Kreuzung nach Livadi vorbei. Sie gehen aufwärts, bis Sie auf eine Forststraße stoßen, die von Sochas hochkommt. Dieser Forststraße folgen Sie für etwa 300 m nach links. Achten Sie auf ein E4-Markierungszeichen, das nach rechts aufwärts, zu einem bewaldeten Hang weist.

Es geht ziemlich steil hinauf und am Ende treffen Sie wieder auf eine Forststraße, die von Krioneri hochführt. Dieser folgen Sie nach links

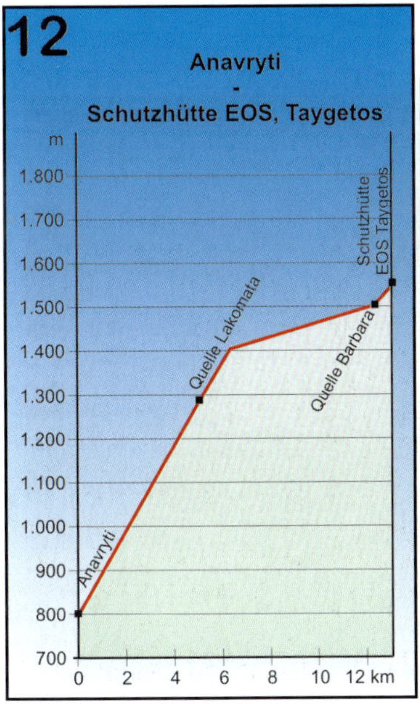

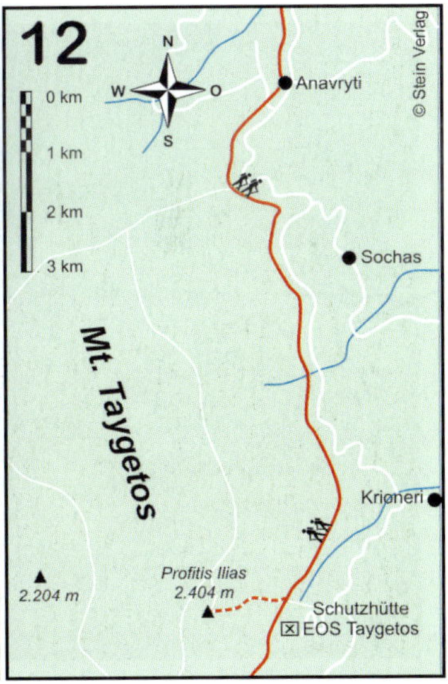

für ca. 500 m bis zur Quelle Lakomata. Bis hierher dauert die Wanderung ab Anavryti ca. 2 Std.

Ab hier geht die Strecke nur noch über gut mit E4-Markierungszeichen beschilderte Wanderwege, die sehr schön zu begehen sind. Kurz nach der Kreuzung mit dem Wanderweg, der von links, von Manganiari (Krioneri), hochkommt, erreichen Sie die letzte Quelle vor der Schutzhütte. Es ist die Quelle "Barbara" von der Sie sich auch das Wasser während eines eventuellen Aufenthaltes in der Schutzhütte holen müssen, die Sie knapp 10 Min. weiter oben erreichen.

Die **Schutzhütte des Taygetos** liegt auf 1.550 m.ü.M., hat Matratzen und Wolldecken für 20 Personen, Heizölofen, Gasküche und Toilette. Die Hütte ist nicht bewirtschaftet.

♦ Wenn Sie hier übernachten wollen, müssen Sie im Vorfeld den Bergsteigerverein von Sparta, ☏ 27310/22574 (Präsident Herr Vasilis Georgiadis ☏ 27310/26343, 📱 6974454079), oder den Verantwortlichen der Hütte,

In der Schutzhütte Taygetos

Jorgos Kanellopoulos (☏ 27310/22938, 📱 6979118855), kontaktieren, damit der Hüttenwart, Dimitris Koumoutsidis (📱 6972713787), der in der Nähe der Hütte wohnt, kommt und die Hütte öffnet.

Anmerkung: Die Hütte wird nach Absprache auch für Einzelpersonen geöffnet, doch Folgendes wird einem nicht unbedingt von Anfang an gesagt: Der Mindestpreis beträgt € 80 pro Nacht und ab 8 Personen, € 10 pro Person. Das heißt also, wenn Sie zu zweit unterwegs sind, werden Sie € 80 pro Nacht zahlen müssen. Sollte die Hütte bei Ihrer Ankunft zufälligerweise offen und noch Platz frei sein, werden Sie auch als einzelne Wanderer aufgenommen werden.

Uns war es das wert, mitten in der Wildnis in der Hütte zu übernachten, auch wenn wir nur zu zweit waren.

Zwischenetappe: Schutzhütte - Profitis Ilias und zurück ⌛ ca. 5 Std.

Sehr lohnenswert ist ein Aufstieg auf den Profitis Ilias, den höchsten Punkt des Peloponnes.

Noch eine Pause vor dem Aufstieg

Einer Wegbeschreibung bedarf es eigentlich nicht, denn Sie können die Route nicht verfehlen. Jeweils am 20. Juli ist der Feiertag des Ilias und somit auch der Bergspitze, die dem heiligen Ilias geweiht ist. An diesem Tag pilgern bis zu 200 und mehr Wanderer in unterschiedlichstem Tempo zum Gipfel. Der Weg wird dadurch jedes Jahr von vielen 100 Füßen begangen und wäre auch ohne Markierungszeichen gut sichtbar. Einzig die letzten ca. 500 m, ab der Kuppe **Portes** bis zum Gipfel, können etwas Kräfte raubend sein, da zum Teil viel Geröll vorhanden ist und der Aufstieg sehr steil ist.

Wer möchte, kann auf dem Gipfel übernachten und anderntags mit dem Sonnenaufgang wieder hinuntergehen. Ein tolles Erlebnis, erfordert aber einen warmen (!) Schlafsack. Ich hatte die Tour im August, also im Hochsommer, gemacht. Bei tagsüber 36°C in Sparta hatte es auf dem Gipfel gerade mal 17°C, bei Sonnenschein. Die Nächte können auf empfindlich kühle Temperaturen absinken. Es gibt ein paar Gemäuer, die vor Wind schützen, jedoch ist nichts überdacht und Wind kann zu jeder Jahreszeit bis zu Sturmstärke aufkommen, auch wenn es unten im Tal verhältnismäßig ruhig ist.

Von einem Abstieg während der Nacht, auch mit guter Taschenlampe, rate ich dringend ab!

Dort geht's hinauf - im Hintergrund der Profitis Ilias

13. Etappe: Schutzhütte Taygetos - Arna

➲ 16 km ⌛ ca. 5 Std. 30 Min.

Ab der Schutzhütte befinden Sie sich für ca. 2 Std. 30 Min. nicht nur auf dem E4, sondern auch auf dem Nationalen Wanderweg 32 (roter Rhombus auf weißem Grund), der über die Viros Schlucht nach Kardamili am Messenischen Golf führt.

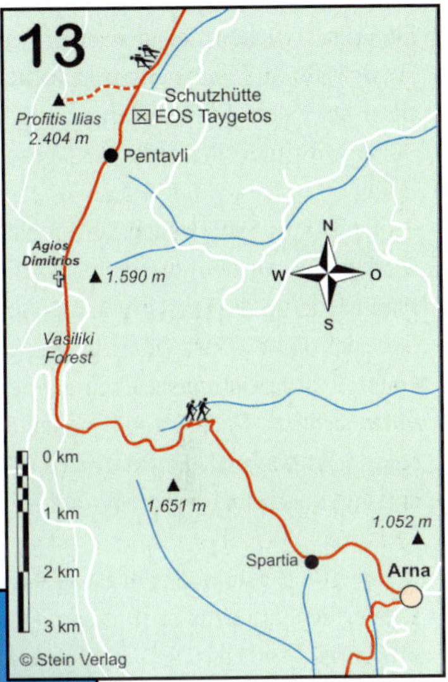

Vom Plateau unterhalb der Hütte nehmen Sie nach rechts den markierten Weg und kreuzen wenig später ein paar Mal eine Forststraße, die aber bald in den Hintergrund rückt. Auf und ab folgen Sie immer den E4-Markierungszeichen bis zu dem lauschigen "Ort" **Pentavli**, wo sich eine Quelle mit viel Wasser befindet. Ab hier führt der gut begangene Weg durch hohe Nadelbäume hoch bis zu einem Sattel. Danach führt er abwärts und bringt Sie nach ca. 10 Min. zu der renovierten Kapelle "Agios

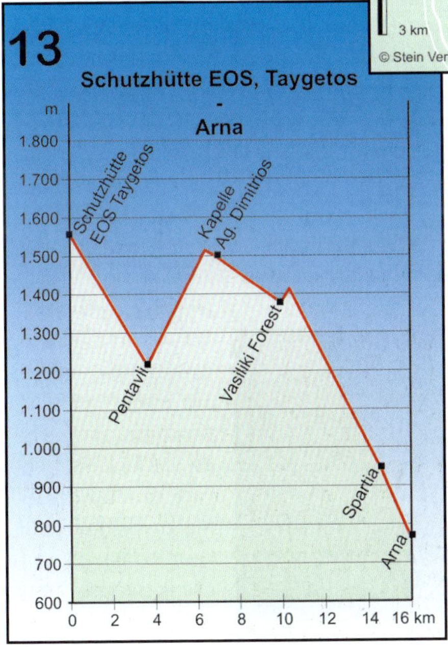

Dimitrios", neben der sich eine Quelle mit frischem Wasser befindet. Der Forststraße, die an der Kapelle vorbeigeht, folgen Sie ca. 200 m und biegen dann bei einem E4-Markierungszeichen links auf einen Fußweg ein, der Sie durch ein Stück Wald zur neu geschobenen, breiten Forststraße hinunterbringt.

Ein kurzes Stück gehen Sie auf dieser nach rechts und folgen dann den E4-Markierungszeichen, die nach links in den Wald hinunterweisen. Dort, wo der Pfad wieder in die Forststraße mündet, gehen Sie nach rechts und gleich wieder nach links in den Wald hinein. Der Baum direkt an der Forststraße mit einem E4-Markierungszeichen wurde umgerissen, weitere sind jedoch weiter unten sichtbar. Ganz unten kommen Sie an ein Bachbett. Hier trennen sich die beiden Routen und die Route des E4 biegt nach links aufwärts, am Bachbett entlang, und bringt Sie wieder auf die Forststraße, der Sie nach rechts folgen.

Der Weg hinunter vom Vasiliki Forest nach Arna und wieder hinauf zum Kloster Panagia Jatrissa ist noch nicht überall als offizieller Teil des E4 verankert. Dies liegt zum Teil an den langsam mahlenden Bürokratiemühlen. Die Markierung ist jedoch ausgezeichnet und somit erwähne ich den alten Verlauf gar nicht, zumal er nur über eher langweilige Forststraßen vom Vasiliki Forest zum Kloster Panagia Jatrissa führte. Außerdem lohnt sich ein "Umweg" über Arna in jedem Fall!

Ab hier beginnt der **neue** E4 und führt nach links in eine weitere Forststraße, an der Sie ein Stück weiter unten ein kleines Natursteinhaus mit Garten ausmachen können. Ca. 100 m nach diesem Haus treffen Sie erneut auf eine Kreuzung. Hier geht es nach links, bis nach ca. 200 m E4-Markierungszeichen nach rechts, weg von der Forststraße, weisen.

Kamèno Vràchos

Nun beginnt ein wunderschöner, gut markierter Teil, der erst seit September 2006 wieder begehbar und unterhalten ist, und führt Sie nach ca. 2 Std. 30 Min. über Spartia nach **Arna**. Erwähnenswert ist der sogenannte *Kamèno Vràchos* (geschlagener Fels), bei dem nachvollziehbar wird, was es vor ein paar Jahrhunderten bedeutete, begehbare Verbindungswege in den Bergen zu erschaffen.

Arna (🛏 ☕ ✕ ⊞ ⌘) bietet Einblick in ein äußerst aktives, wenn auch nur knapp über 100 Einwohner zählendes, Bergdorf. Die Leute sind sehr hilfsbereit und bieten eine unerwartet vielfältige Auswahl an Übernachtungsmöglichkeiten:

🛏 Das *Geodi*, am Ende des Dorfes Richtung Gythion, ist eine sehr stilvoll ausgebaute Luxusherberge mit allen Annehmlichkeiten, DZ ca. € 130 pro Nacht mit Frühstück, Reservierungen unter ☏ 27310/20703, 💻 www.geodi.gr.

- Das Fremdenhaus *Voulianitou*, nahe beim Dorfplatz, bietet Zimmer mit Einbauküche. Zimmer für ca. € 80 pro Nacht bis max. 4 Pers. Reservierungen bei Voula Koumoutsakou, ☏ 27330/24666, 📱 6977923539
- In der etwas einfacheren Pension Arna gibt es zwei Appartements mit Küche für 2, rsp. 3 Personen für € 40 bis 60 pro Nacht. Reservierungen bei Alexandros Karvounis, ☏ 27310/76212-23280, 📱 6972921176, oder beim ☕ Kafenion am Ende des Dorfplatzes.
- Außerdem wird die alte Schule zu einem Massenlager für Wanderer umgebaut und auf dem Vorplatz kann man auch zelten. Kosten ca. € 10 pro Pers./Nacht

🚪 Alle Möglichkeiten sind ganzjährig geöffnet!

⌘ Auf Wunsch öffnet der Besitzer eines kleinen **Museums** die Pforten für Besucher. Ein Besuch lohnt sich! Es veranschaulicht auch die Innovationen der Leute hier. Der Besitzer des Museums, Panajotis, ist mit seiner Mutter zusammen auch der Betreiber der Dorfbäckerei am Dorfplatz.

- ☏ 27310/76350, 📱 6976215901

Für das leibliche Wohl sorgen verschiedene Tavernen und Kafenions, die alle am Dorfplatz liegen.

In Arna gibt es auch einen **Arzt**, der eine eigene Praxis im Dorf für die umliegenden Orte unterhält, ☏ 27310/76201.

In allen Belangen ist Ihnen auch die sehr liebenswerte Präsidentin des Kulturvereins (auch das gibt es in Arna!) Katerina Terchesidou behilflich. Sie spricht sehr gut englisch und italienisch und versteht französisch, ihr Mann auch spanisch.

♦ ☏ 27310/76260, 📱 6972086813

Und natürlich das Wahrzeichen von Arna: Eine der ältesten und größten Platanen Griechenlands im Dorfzentrum. Eine wissenschaftliche Altersanalyse steht noch aus, doch ihr Alter wird auf 2.000 Jahre geschätzt. Unter dieser findet jeweils am letzten Oktober-Wochenende ein **Kastanienfest** statt, das Besucher von weit her anzieht und ausgiebig mit Live-Musik, Tanz, gerösteten und gekochten Kastanien und vor Ort gebranntem Zipouro (Traubenschnaps) gefeiert wird.

Platane

Kastanienfest in Arna

Ob diese Platane wohl so viel Energie in sich birgt, dass sie noch etwas davon über die Jahrhunderte an die Bewohner des Dorfes und deren positive Entwicklung abgeben kann?

14. Etappe: Arna - Agios Nikolaos ➲ 15 km ⌛ ca. 5 Std.

Beim Kafenion Athanasakos, links neben der Platane, führt ein Betonweg nach rechts hinunter und wird bald zu einem Pfad. Der ganze Wegverlauf hat etwas sehr mythisches und ist ein Genuss. Er ist äußerst gut mit E4-Markierungszeichen beschildert und führt Sie zuerst zu einem Bachlauf hinunter und dann, zum Teil über alte Kopfsteinpflasterwege, nach oben auf die Kuppe, wo das Kloster Panagia Jatrissa liegt. Bis hierher dauert die Wanderung ca. 3 Std.

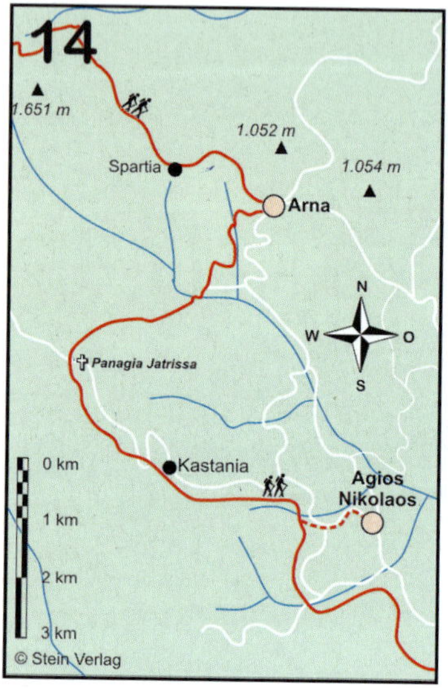

Das Kloster wird von nur zwei Mönchen ganzjährig bewohnt. Seit 1999 gibt es für Pilger keine Übernachtungsmöglichkeiten mehr, zelten vor den Gemäuern ist erlaubt.

Die Tafel an der Straße mit den E4-Markierungszeichen weist zum Kloster hinauf, Sie müssen jedoch die Asphaltstraße nehmen, die hinunterführt. Folgen Sie dieser. Am ersten Feldweg, der nach links weggeht gehen Sie vorbei und finden ca. 1 km ab dem Kloster ein E4-Markierungszeichen links der Straße an einem Nadelbaum. Der Pfad führt nach links von der Straße weg und bringt Sie in den nächsten Ort **Kastania** (☕).

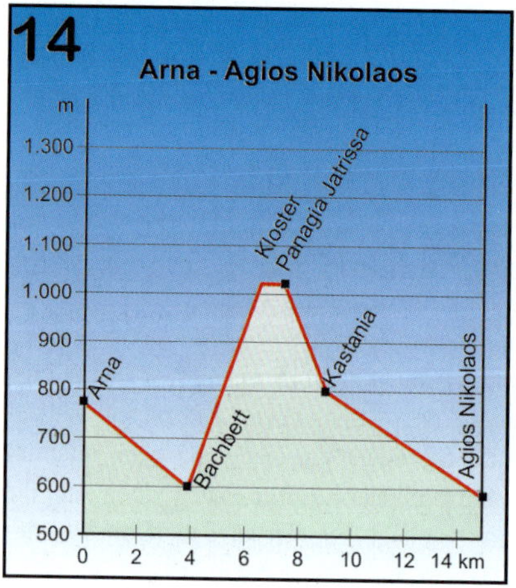

Hier gibt es zwei Kafenions, die ganzjährig geöffnet sind und auch kleine Mahlzeiten anbieten. Eine Übernachtungsmöglichkeit besteht nicht. Eine kleine Herberge ist seit Jahren geplant, das Dorf wartet jedoch immer noch auf Unterstützung der Gemeinde.

Vom Dorfplatz aus gehen Sie auf der Hauptstraße Richtung Gythion und folgen dieser knapp 3 km bis zu einer

E4-Markierung im Taygetosgebirge

180-Gradkurve nach links. Ein gemaltes E4-Markierungszeichen befindet sich an einem Fels auf der rechten Seite in der Kurve und weist nach rechts, auf einen kleinen asphaltierten Weg. Auf diesem Weg, zum Teil Asphalt, zum Teil Feldweg, kommen Sie nach ca. 2 km an eine Kreuzung. Der weitere Wegverlauf führt hier, mit E4-Markierungszeichen gekennzeichnet, nach rechts (hier startet die morgige Etappe 15). Um nach **Agios Nikolaos** (✕ ☕ 🛏) zu kommen, gehen Sie jedoch nach links. Sie erreichen das Dorf nach ca. 1 km.

Agios Nikolaos ist ein beschauliches kleines Bergdorf am Fuße des Taygetos. In den verschiedenen Tavernen und Kafenions können Sie sich verpflegen und der kleine Dorfplatz lädt ein, die Seele ein wenig baumeln zu lassen.

🛏 Es gibt eine Übernachtungsmöglichkeit, die jedoch nur bei Bedarf geöffnet wird: Herr Nikolaos Chilakos, (☎ 2733022054, 📱 6974321315) vermietet als Nebenjob zwei Zimmer. Er ist Fahrer von Überlandbussen und somit viel unterwegs. Er möchte in der Regel drei bis vier Tage vorher informiert werden, um die Zimmer herrichten zu können. Leider gibt es keine andere offizielle Übernachtungsmöglichkeit bis hinunter nach Gythion.

Sollten alle Stricke reißen und es erweist sich für Sie als unmöglich, hier übernachten zu können, seine Frau Roula ist Taxifahrerin und kann Sie für ca. € 15 nach Gythion bringen. Wenn Sie die Tour wandernd beenden möchten, müssen Sie für die nächste und letzte Etappe auch wieder mit dem Taxi hierher zurück.

15. Etappe: Agios Nikolaos - Gythion

➲ 25 km ⌛ ca. 7 Std.

Vorbemerkung: Diese Etappe wird in nächster Zeit geändert werden. Der Ausdruck "in nächster Zeit" ist jedoch nicht mit einer konkreten Zeitangabe umrissen und so beschreibe ich noch den alten Verlauf, der auch markiert ist. Sobald der neue Verlauf feststeht, wird dieser als Update auf der Webseite des Conrad Stein Verlags abrufbar sein.

Sie gehen vom Dorf zu der Kreuzung des E4 zurück, wo Sie nach Agios Nikolaos abgebogen sind.

Sie folgen hier dem E4-Markierungszeichen, welches in etwa 200 m Entfernung auf dem rechten Feldweg an einen Felsen gemalt ist. Sie bleiben immer auf diesem Weg, der in einer großen Schlaufe an ein paar Ruinen des ehemaligen Ortes *Defsina* vorbeiführt. Es gibt auf den nächsten ca. 5,5 km keine E4-Markierungszeichen mehr.

Diese Schlaufe können Sie abkürzen, indem Sie bei der Kreuzung vor dem ersten E4-Markierungszeichen den Feldweg nach links nehmen. Auf diesem treffen Sie nach ca. 1 km wieder auf den Feldweg, der die ca. 5,5 km lange Schlaufe über Defsina macht.

Bei einer Kreuzung von Feldwegen (von links kommt die oben beschriebene Abkürzung) gibt es wieder ein E4-Markierungszeichen, dem Sie nach rechts folgen. Nach ca. 800 m, bei einer weiteren Kreuzung, bei der eine große Eiche steht, nehmen Sie den rechten Weg (der linke ist eine Sackgasse), ein E4-Markierungszeichen befindet sich etwa 100 m weiter auf diesem

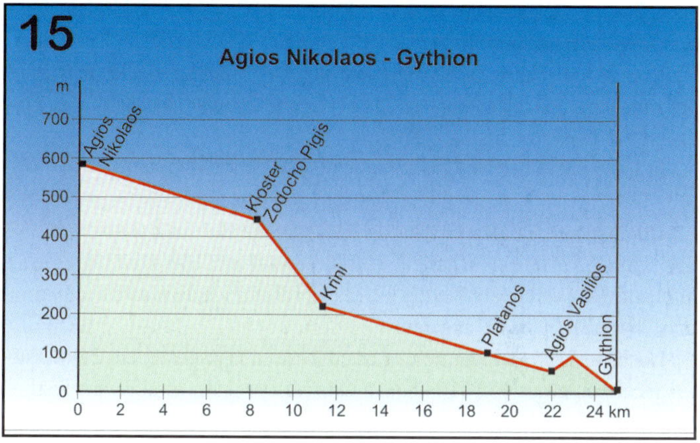
15
Agios Nikolaos - Gythion
m
700
600
500
400
300
200
100
0
Agios Nikolaos
Kloster Zodocho Pigis
Krini
Platanos
Agios Vasilios
Gythion
0
2
4
6
8
10
12
14
16
18
20
22
24 km

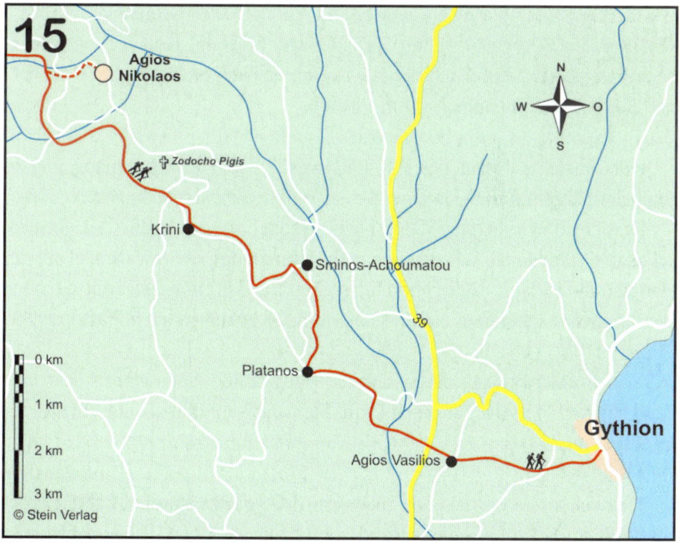
15
Agios Nikolaos
Zodocho Pigis
Krini
Sminos-Achoumatou
39
Platanos
Agios Vasilios
Gythion
N
W
O
S
0 km
1 km
2 km
3 km
© Stein Verlag

Weg. Nach weiteren ca. 2 km treffen Sie auf das verlassene ✞ Kloster *Zodocho Pigis,* mit einem lauschigen Plätzchen unter einem großen Olivenbaum.

Beim Kloster halten Sie sich links entlang der Asphaltstraße, bis zur nächsten Kreuzung und folgen dann rechts der Schotterstraße, die nach ca. 2,5 km in Asphalt übergeht, bis nach **Krini**.

In Krini gibt es weder Kafenion noch Einkaufsmöglichkeiten.

Durchqueren Sie den Ort auf der Hauptstraße Richtung Gythion, bis Sie nach ca. 1,5 km an eine scharfe Rechtskurve kommen. Hier führt der E4 nach links auf eine Schotterstraße. Ein E4-Markierungszeichen ist an einem Strommast links dieser Straße angebracht.

Nach ca. 2 km befindet sich, in einer scharfen Linkskurve, ein E4-Markierungszeichen etwas erhöht an einem Olivenbaum, links von der Straße.

Von hier können Sie über den Feldweg, der rechts weggeht, eine Abkürzung nehmen. Als Orientierung dient Ihnen ein zweistöckiges Haus mit Flachdach auf der rechten Seite. Sie folgen dem Feldweg bis zu seinem Ende. Von dort geht es über einen Fußweg in Richtung einer Gruppe von Zypressen. Bei den Zypressen treffen Sie auf einen Feldweg, dem Sie ca. 500 m nach links folgen, wo er auf einen weiteren Feldweg stößt. Dies ist der E4, und Sie gehen rechts bis ins Dorf Platanos.

Der offizielle Verlauf des E4 führt weiter den Flurweg entlang, der in Asphalt übergeht und Sie in einer Schlaufe nach *Sminos-Achoumatou* bringt.

Den Ort durchqueren Sie und bleiben immer auf der Straße, bis nach ca. 1 km ab Dorfende ein Feldweg von rechts einmündet, der fast parallel mit der Hauptstraße verläuft. Hier gehen Sie rechts. Ca. 500 m weiter trifft die oben beschriebene Abkürzung auf den Weg und Sie gelangen nach **Platanos** (✕).

✕ Vor einer Brücke, die Sie auf die Hauptstraße führt, gibt es links eine Taverne, wo man sehr gut essen kann. Sie ist jedoch oftmals nur abends geöffnet.

Der weitere Wegverlauf führt nach der Brücke links auf die Straße, auf der Sie ca. 3 km Richtung Gythion wandern. Bei einem gelben Wanderschild links der Straße gehen Sie nach rechts in eine kleine Teerstraße. Dieser folgen Sie bis zu einem großen Eisentor, wo die Teerstraße nach rechts hoch in ein Privatgrundstück führt. Sie gehen links, den Traktorweg entlang, bis zu einer kleinen Kapelle. Von dort folgen Sie einem Trampelpfad am Flussbett entlang bis zu einer Brücke. Diese überqueren Sie und folgen nach ca. 500 m, bei der ersten Kreuzung, dem rechten Flurweg, über den Sie nach ca. 2 km zu einer breiten, neuen Schnellstraße kommen. Diese überqueren Sie geradeaus und folgen dem Sträßchen gegenüber ca. 500 m bis zu einer Kreuzung und gehen hier rechts.

Kurz danach befindet sich auf der rechten Seite eine traditionelle Landtaverne, wo man gut essen kann, die jedoch oft nur abends geöffnet ist.

Bei der ersten Kreuzung nach der Taverne gehen Sie links und folgen dieser Straße, teils asphaltiert, teils Schotter. So gelangen Sie beim Friedhof zum Ortseingang von **Gythion** - Sie haben es geschafft!

Gythion ( ) ist ein gemütliches, beschauliches Hafenstädtchen mit zahlreichen Restaurants, Tavernen, Kafenions und Übernachtungsmöglichkeiten. Alles was es zum Leben braucht, können Sie hier finden und es ist ein idealer Ort, um nach der Durchquerung des Peloponnes ein paar Tage zu entspannen.

Gythion ist zwar ein vor allem während der Ferienmonate besuchter Touristenort, bleibt jedoch das ganze Jahr über lebendig. Alle Geschäfte und auch die meisten Logiermöglichkeiten sind ganzjährig geöffnet und hinterlassen im Winter keine "Totenstadt".

Viele Anregungen über den Ort können Sie auf folgender Webseite finden: www.gythio.net, auch in deutscher Sprache.

Für alle, die noch weiterwandern wollen: Gythion ist ein guter Ausgangspunkt, um dem E4 quer durch Kreta weiter zu folgen. Im Hafen legen regelmäßig Fähren nach Kreta ab.

Griechenland: Trans Kreta-E4 von D. Wahlen, R. Lencer & S. Deutschmann, OutdoorHandbuch, Conrad Stein Verlag, Der Weg ist das Ziel, Band 88, ISBN 978-3-89392-388-5, € 12,90

Im Hafen von Gythion

Als Unterkunftsmöglichkeit möchte ich mich aus dem sehr zahlreichen Angebot auf zwei beschränken:

- Hotel Saga im Zentrum, direkt an der Hafenpromenade unter äußerst zuvorkommender, französischer Leitung von Odile Kolokotronis, ☏ 27330/23220, 6977621095, www.sagapension.gr.
- Hotel Stavros tou Notou, sehr großzügige und ruhige Appartement-Anlage, direkt am 3 km langen Sandstrand von Mavrovouni, ca. 2 km vom Zentrum entfernt gelegen, Zeta Rosaki, ☏ 27330/22415-25003, www.stavrostounotou.com, info@stavrostounotou.com.

Falls Sie in einem dieser Hotels logieren, sagen Sie den Besitzerinnen, sie sollen mich anrufen ... wenn ich Zeit habe und im Lande bin, komme ich gerne auf einen Ouzo vorbei, um mit Ihnen über den E4 zu plaudern!

- Healthcentre, ☏ 27330/22001
- Taxizentrale, ☏ 27330/23423-22601

Busbahnhof im Zentrum, ☏ 27330/22228, täglich mehrere Abfahrten über Sparta-Tripolis nach Athen, in die umliegenden Dörfer und den südlichsten Zipfel des Peloponnes, die Mani

ENDE

Kleiner Sprachführer

Gythion

ROZAKIS

Diese Tour führt Sie über Stock und Stein durch abgelegene Gebiete und nicht durch die Straßen eines kosmopolitischen Athens. Daher werden Sie mehrheitlich auf Leute treffen, die nur wissen, dass es noch andere Sprachen als das Griechische gibt, eine Verständigung, außer in griechisch oder mit Händen und Füßen, wird jedoch nur selten möglich sein.

Ich möchte Ihnen ans Herz legen, keine Hemmungen zu haben beim Versuch sich mit den Leuten in deren Sprache zu verständigen. Die Mehrheit der Griechen ist sehr tolerant gegenüber Fremden, die durch ihr Land ziehen, auch was die Sprache betrifft. Oftmals sind sie auch stolz darauf, dass jemand versucht in ihrer Sprache mit ihnen in Kontakt zu treten, empfinden sie diese doch als die Wurzel aller Sprachen.

Ganz wichtig ist die Betonung und nicht selten scheitert ein perfekt auswendig gelerntes Wort an der falschen Betonung. Bevor Sie also das Wort falsch aussprechen, nochmals kurz gucken, wo die Betonung hinkommt. Zur Erleichterung, sind die Worte mit einem Akzent versehen, um zu zeigen wo die Betonung hinkommt.

Hier ein Beispiel, nicht nur zum Zeigen was ich mit Akzent meine:

Evcharistò (mit Betonung auf o) heißt danke, *evcharìstos* (mit Betonung auf i) heißt gerne, *evchàristos* (mit Betonung auf a) heißt angenehm.

Auch Wörter, die direkt aus dem Griechischen ins Deutsche übernommen wurden, haben unterschiedliche Betonungen. So wird zum Beispiel das Wort Panorama im Original auf o betont, also *Panòrama* ausgesprochen. Wenn Sie es, wie Sie es gewohnt sind, Panoràma aussprechen, werden die meisten Griechen nicht verstehen wovon Sie sprechen. Noch ein Beispiel? Wenn Sie vom altgriechischen Mathematiker Pythagoras sprechen, werden Sie nur verstanden werden, wenn Sie ihn *Pythagòras* betonen und "Alexander der Große" möchte mit *"o mègas Alèxandros"* betont werden.

Angst bekommen? Kein Grund - es soll Ihnen lediglich helfen, sich einmal mehr mit Worten und einmal weniger mit Händen und Füssen zu verständigen!

Das Alltäglichste im Überblick

chèrete Diese Grußformel können Sie unabhängig von der Tageszeit benutzen, sowohl zur Begrüßung, als auch zum Abschied. Sie wird sehr häufig verwendet und heißt wörtlich übersetzt: „Freut euch".

Guten Morgen *kalimèra*	Guten Abend *kalispèra*	Gute Nacht *kalinìchta*

Guten Tag, Hallo, Grüezi, Servus
jàssas (Grüß' Euch, wörtlich: auf Euch)
jàssu (Grüß' Dich, wörtlich: auf Dich)

Bitte sehr! (wie bitte?)
orìste! (oristè?)

danke *evcharistò*	ja *nè*	ja, bitte *nè, parakalò*
bitte *parakalò*	nein *òchi*	nein, danke *òchi, evcharistò*
(sehr) gut *(polì) kalò*	in Ordnung *endàxi*	Verzeihung *signòmi*
wann? *pòte?*	wer? *piòs?*	wie weit? *pòsso makrià?*
warum, weshalb? *jatì?*	was, wie? *ti?*	wo, wohin? *pu?*
hier *edò*	dort *ekì*	nah *kondà*
rechts *dexià*	links *aristerà*	geradeaus *katevthìan*

gestern *chtès*	morgen *àvrio*	heute *ssìmera*
jetzt *tòra*	nie *potè*	immer *pànda*
offen *aniktò*	geschlossen *klistò*	sofort *amèssos*
Wo ist …? *pu ìne …?*	Wie heißt …? *pos leìete?*	Wo hat es …? *pu èchi …?*
Haben Sie …? *èchete …?*	Ich brauche … *chriàsome …*	Ich möchte … *thèlo …*
Einen Moment, bitte *mìa stigmì, parakalò*	Ich will nicht *den thèlo*	Ich kann nicht (mehr) *den borò (pià)*
Vor einer Woche *prìn apò mìa evdomàda*	In zwei Tagen *se dìo mères*	In einer Stunde *se mìa òra*
Ich verstehe *katalawèno*	Ich verstehe nicht *den katalawèno*	Verstehen Sie? *katalawènete?*
Wie viel kostet…? *pòsso kàni?*	Wie spät ist es? *ti òra ìne?*	Hilfe! (anfordernd) *woìthia!*
Die Rechnung, bitte *to logariasmò, parakalò*	Ich möchte zahlen *thèlo na pliròsso*	Auf uns! (Prost!) *jàmas!*
Haben Sie ein Zimmer? *èchete èna domàtio?*	Können Sie mir ein Taxi rufen, bitte? *borìte na mu kalèsete èna taxì, parakalò?*	

Unterwegs - *sto dròmo*

Wo ist (sind) …?
pu ìne …?

Bin ich auf dem richtigen Weg nach …?
ìme kalà ja …

Wie komme ich nach …?
pos tha pào ja …?

Ich möchte (ich brauche) ein Taxi
thèlo (chriàsome) èna taxì

Auf der ganzen Strecke
se òli tin diadromì

Woher kommen Sie?
apó pu ìste?

Muss ich … gehen? *prèpi na pào …?*	rechts *dexià*	links *aristerà*	geradeaus *katevthìan*
zurück *pìso*	dort *ekì*	noch weit *akòma makrià*	bis *mèchri*

Asphaltstraße *àsfaltos*	unbefestigte Straße *chomatòdromo*	Kopfsteinpflasterweg *kalderìmi*

Fußweg *monopàti*	Spazierweg (Bürgersteig) *pesòdromos*	Strecke *diadromì*	Auto *avtokìnito*
Autobus *leoforìo*	Fahrrad *podìlato*	Motorrad *motosiklèta*	Moped *michanàki*
Stadt *pòli*	Dorf *choriò*	(Dorf-) Platz *platìa*	Haus *spìti*
Kirche *eklissìa*	Friedhof *nekrotafìo*	Kapelle/Tempel *naòs*	Kloster *monastìri*
Burg *kàstro*	Berghütte *katafìgio*	Höhle *spilià*	Gipfel *korifì*

Schlucht *faràngi*	Quelle *pigì*	Fluss *potàmi*	See *lìmni*
Meer *thàlassa*	Strand *paralìa*	Hafen *limàni*	Berg *wunò*
Wald *dàssos*	Baum *dèndro*	Blume *lulùdi*	Landkarte *chàrtis*

Übernachtung - *dianichtèrevsi*

Hotel *xenodochìo*	Motel *motèl*	Pension *pansiòn*	Gästehaus *xenònas*
Appartement *diamèrisma*	Zimmer *domàtio*	Empfang *resepziòn*	Kategorie *kategorìa*
Balkon *balkòni*	Toilette *tualèta*	Toilettenpapier *chartì igìas*	Dusche *dùhs*
Bett *krewàti*	Badezimmer *bànio*	Heizung *kalorifèr*	Schlüssel *klidì*
Matratze *stròma*	Bettdecke *kuwèrta*	Kissen *maxilàri*	Laken *sedòni*
Einzelzimmer *monòklino*	Handtuch *petsèta*	Frühstück *proïnò*	Telefon *tilèfono*
Doppelzimmer *dìklino*	mit Doppelbett *me diplò krewàti*	mit zwei Einzelbetten *me dìo krewàtia*	

(Zimmer) Reservierung
klìssi (domatìu)

Wie viel kostet es?
pòsso kàni?

Haben Sie ein Zimmer (frei)?	Kann ich das Zimmer sehen?
èchete èna domàtio (elèvtero)?	*bòro na do to domàtio?*

Ich möchte ein Zimmer (für eine Nacht, zwei Nächte) reservieren
thèlo na klìsso èna domàtio (ja mìa nìchta, dìo nìchtes)

Essen und Trinken - *faïtà ke potà*

Taverne	Restaurant	griech. Kaffeehaus	Café
tawèrna	*estiatòrio*	*kafenìon*	*kafetèria*

Ouzeri	ist ein Lokal, in das vor allem zum Aperitif *(ùso me mesè)*
userì	gegangen wird. Es werden meistens auch kleine Gerichte angeboten.

Vorspeisen	Suppen	Salate	Hauptspeise
orektikà	*sùpes*	*salàtes*	*kìrio piàto*
Süßspeisen	eine Portion	Ich habe Hunger	Bitte!
glikà	*mìa merìda*	*pinào*	*parakalò!*
Ich habe Durst	Herr Ober!	Guten Appetit!	Prost!
dipsào	*garssòni!*	*kaliòrexi!*	*jàmas!*

Ich möchte etwas essen.	Wir möchten etwas trinken.	Ich bin satt.
thèlo na fào kàti.	*thèlume na piùme kàti.*	*chòrtassa*

Kann ich einen Blick in die Töpfe werfen, bitte?	Bitte sehr!	(wie bitte?)
bòro na do ta faïtà?	*orìste!*	*(oristè?)*

Das Essen ist sehr schmackhaft	Dieser Wein ist vorzüglich
to faïtò ìne polì nòstimo	*aftò to krassì ìne exeretikò*

Auf dem Tisch:	Serviette - **Achtung**: nicht „Servietta" = Damenbinde
sto trapèsi:	*chàrtopezeta*

Teller *piàto*	Gabel *pirùni*	Messer *machèri*	Löffel *kutàli*
Glas *potìri*	Tasse *flizàni*	Flasche *bukàli*	Karaffe *karàffa*
Wasser *nerò*	Speisekarte *katàlogos*	Tischtuch *trapesomàndilo*	Salz *alàti*
Pfeffer *pipèri*	Zahnstocher *odontoglifìda*	Brot *psomì*	Käse *tirì*

Olivenöl
làdi

Ganz genau: *eleòlado.* Es wird jedoch davon ausgegangen, dass einzig Olivenöl verwendet wird und somit meistens nur der Ausdruck *làdi* (Öl) verwendet.

Obst und Gemüse - *froùta ke lachànika*

Äpfel *mìla*	Artischocken *aginàres*	Bananen *banànes*	Bohnen *fasòlia*
Birnen *achlàdia*	Blumenkohl *kunupìdi*	Erdbeeren *fraùles*	Erbsen *arakàs*
Feigen *ssìka*	Gurken *angùria*	Granatäpfel *ròdia*	Kartoffeln *patàtes*
Linsen *fakès*	Mandarinen *mandarìnia*	Mandeln *amìgdales*	Nüsse *karìdia*
(Zucker) Melone *pepòni*	(Wasser) Melone *karpùsi*	Mohrrüben *karòtta*	Oliven *elìès*
Orangen *portokàlia*	Pilze *manitària*	Pflaumen *damàskina*	Quitten *kidònia*

Rote Beete *bazàri*	Salat *salàta*	Spinat *spanàki*	Tomaten *domàtes*
Weißkohl *làchano*	Wildgemüse *chòrta*	Zucchini *kolokìthia*	Zwiebeln *kremìdia*

Fleisch - *krèas*

Lamm *arnàki*	Schaf *arnì*	Rind *mos-chàri*	Schwein *chirinò*
Huhn *kòta*	Hähnchen *kotòpulo*	Gockel *kòkoras*	Truthahn *galopùllo*
Kaninchen *kunèlli*	Ziege *gìda*	Zicklein *katzìki*	Wurst *lukàniko*

Fische - Meeresfrüchte - *psària - thalassinà*

Kabeljau *bakalijàros*	Rotbarbe *barbùni*	Barsch *pèrka*	Forelle *pèstrofa*
Lachs *solomòs*	Schwertfisch *xifìas*	Sardinen *sardèlles*	Sardellen *antsùvia*
Meerhecht *lùtso*	Makrele *kolijòs*	Hummer *àstakos*	Garnelen *garìdes*

Tintenfisch (Sepia) *supiès*	Tintenfisch (Kalmar) *kalamària*	Tintenfisch (Oktapus) *chtapòdi*

Kleine gebratene oder frittierte Fische, in der Reihenfolge ihrer Größe
atherinà (klein) *marìdes* (grösser) *gàvros* (ähnl. Sardinen)

Getränke - *potà*

Wasser *nerò*	Sprudelwasser *sòda*	Rotwein *kòkkino krassì*	Weißwein *levkò krassì*

Roséwein *rosè krassì*	Geharzterwein *retsìna*	Bier *bìrra*	Ouzo *ùso*
Tresterschnaps *tsìpuro*	Zitronenlimonade *lemonìta*	Orangenlimonade *portokalàda*	Capuccino *caputsìno*
Neskaffee (heiß) *neskafè (sestòs)*	Neskaffee (kalt) *frappè*	griechischer Kaffee *elinikòs kafès*	Zucker *sàchari*
Milch *gàla*	frischer Orangensaft *frèsko chimò portokaliù*	Tee *tsaï*	

Das Wetter - o keròs

Sonne *ìlios*	Mond *fengàri*	Sterne *astèria*	Wolke *sìnefo*
Bewölkung *sinefià*	Gewitter *kateghìda*	Regen *wrochì*	Schnee *chiòni*
Sonnenaufgang *anatolì*	Sonnenuntergang *dìssi*	Nebel *omìchli*	Wind *aèras*
Wetterbericht *dèltio kerù*	Frost *pagonià*	Temperatur *thermokrassìa*	Erdbeben *sismòs*
Überschwemmung *plimìra*	Unwetter *kakokerià*	Trockenheit *xirasìa*	Hitzewelle *kàvsonas*

Wie wird das Wetter? - es wird…(sehr) kühl — (sehr) feucht
pos tha ìne o keròs?- tha èchi…(polì) drossià — *(polì) igrassìa*

(sehr) windig *(polì) aèras*	(sehr) neblig *(polì) omìchli*	(sehr) heiss *(polì) sèsti*	(sehr) kalt *(polì) krìo*

Der Jahreskreis - *i chronià*

das Jahr	dieses Jahr	nächstes Jahr
o chrònos	*fètos*	*tu chrònu*
letztes Jahr	vorletztes Jahr	vor Jahren
pèr(i)si	*propèrsi*	*prin apò chrònia*
vor zwei Jahren	in zehn Jahren	das ganze Jahr über
prin dìo chrònia	*se dèka chrònia*	*òlo to chròno*

Die Jahreszeit(en) - *i epoch-ì (-es)*

der Frühling	der Sommer	der Herbst	der Winter
i ànixi	*to kalokèri*	*to ftinòpero*	*o chimònas*

Der (die) Monat(e) - *o (i) mìn-as (-es)*

Januar	Februar	März	April
januàrios	*fewruàrios*	*màrtios*	*aprìlios*
Mai	Juni	Juli	August
maïos	*jùnios*	*jùlios*	*àvgustos*
September	Oktober	November	Dezember
septèmwrios	*oktòwrios*	*noèmwrios*	*dekèmwrios*

Die Woche - *i evdomàda*

Wochenende	Montag	Dienstag	Mittwoch
sàwatokirijakì	*devtèra*	*trìti*	*tetàrti*
Donnerstag	Freitag	Samstag	Sonntag
pèmpti	*paraskevì*	*sàwato*	*kirijakì*

der Tag - *i (i)mèra*

der Morgen	der Mittag	der Nachmittag	der Abend
to proï	*to messimèri*	*to apògevma*	*to wràdi*

die Nacht	Mitternacht	vorgestern	übermorgen
i nìchta	*messànichta*	*prochtès*	*metàvrio*
morgen	gestern	heute	jeden Tag
àvrio	*chtès*	*ssìmera*	*kàthe mèra*

diverse Zeitangaben

Stunde(n)	Minute(n)	Sekunde(n)	Moment(e)
òr-a (es)	*lept-ò (à)*	*devteròlept-o (a)*	*stigm-ì (ès)*
vor kurzem	bald	später	jetzt
prin apò lìgo	*sìntoma*	*argòtera*	*tòra*
manchmal	oft	immer	nie
pu ke pu	*sichnà*	*pànda*	*potè*
früher	neulich	vorläufig	jederzeit
norìtera	*televtèa*	*prosorinà*	*pàntote*
sofort	vielleicht		
amèssos	*ìssos*		

Beruf - *epàngelma*

Angestellter	Apotheker	Arbeiter	Architekt
ipàlilos	*farmakopiòs*	*ergàtis*	*architèkton*
Arzt	Bäcker	Beamter	Bildhauer
jatròs	*furnàris*	*dimòssios ipàlilos*	*glìptis*
Briefträger	Buchhalter	Eisenbahner	Elektriker
tachidròmos	*logistìs*	*sidirodromikòs*	*ilektrològos*
Fischer	Fleischer	Förster	Friseurin
psaràs	*chasàpis*	*dassonòmos*	*komòtria*

Gärtner *kipuròs*	Handwerker *technitìs*	Hausfrau *nikokirà*	Hotelier *xenodòchos*
Ingenieur *michanikòs*	Journalist *dimossiogràfos*	Kaufmann *èmboros*	Kellner *serwitòros*
Kindergärtnerin *nipiagogòs*	Klempner *idravlikòs*	Konditor *sacharoplàstis*	Koch *màgiros*
Kraftfahrer *odigòs*	Krankenschwester *nosokòma*	Künstler *kalitèchnis*	Landwirt *agròtis*
Lehrer *dàskalos*	Maler *soogràfos*	Mechaniker *polimichanikòs*	Maurer *ikodòmos*
Metzger *chasàpis*	Musiker *musikòs*	Notar *simwuleogràfos*	Optiker *optikòs*
Politiker *politikòs*	Rechtsanwalt *dikigòros*	Rentner *sintaxiùchos*	Richter *dikastìs*
Schlosser *sidirurgòs*	Schriftsteller *singrafèos*	Schüler *mathitìs*	Schülerin *mathìtria*
Sekretärin *gramatèas*	Student *fititìs*	Studentin *fitìtria*	Techniker *technikòs*
Tierarzt *kinìjatros*	Tischler *xilurgòs*	Verkäufer *politìs*	Verkäuferin *polìtria*
Verleger *ekdòtis*	Vertreter *antipròsopos*	Wissenschaftler *epistìmon*	Zahnarzt *odontìjatros*

Zahlen - *arithmì*

1	*èna*	11	*èndeka*	21	*ìkossièna*
2	*dìo*	12	*dòdeka*	22	*ìkossidìo*
3	*trìa*	13	*dekatrìa*	23	*ìkosstrìa*
4	*tèssera*	14	*dekatèssera*	24	*ìkossitèssera*
5	*pènde*	15	*dekapènde*	25	*ìkossipènde*
6	*èxi*	16	*dekaèxi*	26	*ìkossièxi*
7	*eftà - eptà*	17	*dekaeftà*	27	*ìkossieftà*
8	*ochtò*	18	*dekaochtò*	28	*ìkossiochtò*
9	*ennià - ennèa*	19	*dekaennià*	29	*ìkossiennià*
10	*dèka*	20	*ìkossi*		

30	*triànda*	100	*ekatò*
40	*ssarànda*	1.000	*chìlia*
50	*penìnda*	2.000	*dìo chiliàdes*
60	*exìnda*	10.000	*dèka chiliàdes*
70	*ewdomìnda*	100.000	*ekatò chiliàdes*
80	*ochtònda*	1.000.000	*èna ekatomìrio*
90	*enennìnda*	1.000.000.000	*èna dis*

1.	*pròtos*	4.	*tètartos*	7.	*èwdomos*	10.	*dèkatos*
2.	*dèvteros*	5.	*pèmptos*	8.	*òchtoos*	100.	*èkatostòs*
3.	*trìtos*	6.	*èktos*	9.	*ènatos*	1.000.	*chiliostòs*

Das Alphabet - *to alfàwito*

Α α	*àlfa*	kurzes **a** wie in A**n**n**a**belle
Β β	*wìta*	wie **w** in **w**er
Γ γ	*gàmma*	wie **g** in: ich wa**g**e es (mit Behauchung des **g**)
		γ γ wie **ng** in E**ng**el, jedoch mit hörbarem g
Δ δ	*dèlta*	wie stimmhaftes **th** im englischen **th**at
Ε ε	*èpsilon*	kurzes, offenes **e** wie in F**e**st
Ζ ζ	*sìta*	stimmhaftes **s** wie in Ro**s**e

Η	η	*ìta*	kurzes **i** wie in M**i**xer
Θ	θ	*thìta*	wie stimmloses **th** wie im englischen **th**ing
Ι	ι	*jòta*	wie **j** in **j**a
Κ	κ	*kàppa*	**k** ohne Behauchung wie **ck** in A**ck**er
Λ	λ	*làmda*	**l** wie im Deutschen
Μ	μ	*mi*	**m** wie im Deutschen
Ν	ν	*ni*	**n** wie im Deutschen
Ξ	ξ	*xi*	**x** wie in Se**x** oder -**chs** in se**chs**
Ο	ο	*òmikron*	kurzes offenes **o** wie in **o**ffen
Π	π	*pi*	**p** ohne Behauchung wie im französischen **p**ère
Ρ	ρ	*ro*	ge**r**olltes Zungenspitzen-**r**
Σ	σ,ς	*sìgma*	hartes **s** wie in Wa**ss**er oder **ß** in ma**ß**los
Τ	τ	*taf*	**t** ohne Behauchung wie in lau**t**
Υ	υ	*ìpsilon*	langes **i** wie **ie** in w**ie**der
Φ	φ	*fi*	**f** wie im Deutschen
Χ	χ	*chi*	wie **ch** in eu**ch** vor ι, ε - wie **ch** in **Ch**u**ch**i**ch**äschtli vor α, ω, ο υ
Ψ	ψ	*psi*	wie **ps** in **Ps**alm
Ω	ω	*omèga*	langes **o** wie in **O**fen

Index

Alle Bücher aus dem Conrad Stein Verlag

OutdoorHandbücher - Basiswissen für draußen

OutdoorHandbücher - Der Weg ist das Ziel

Band		€	Band		€
17	Schweden: Sarek	14,90	76	Pfälzerwald-Vogesen-Weg	9,90
18	Schweden: Kungsleden	12,90	78	Polen: Pisa-Narew (Kanuroute)	9,90
19	Kanada: Yukon - Kanu- und Floßtour	12,90	79	Bolivien: Choro Trail	10,90
23	Spanien: Jakobsweg	14,90	80	Peru: Inka Trail u. Region Cusco	12,90
26	Schottland: West Highland Way	12,90	81	Chile: Torres del Paine Circuito	12,90
27	John Muir Trail (USA)	10,90	82	Norwegen: Jotunheimen	12,90
28	Island: Trekking Klassiker	14,90	83	Neuseeland: Stewart Island	9,90
29	Kanada: West Coast Trail	9,90	84	USA: Route 66	9,90
32	Polen: Radtouren in Masuren	12,90	85	Finnland: Bärenrunde	9,90
33	Trans-Alatau (GUS)	10,90	87	F/CH/I: Montblanc-Rundweg - TMB	9,90
37	Kanada: Bowron Lakes	9,90	88	Griechenland: Trans-Kreta E4	12,90
38	Polen: Kanutouren in Masuren	12,90	89	Schweden: Skåneleden	9,90
40	Trans-Korsika: GR 20	14,90	90	Mallorca: Serra de Tramuntana	9,90
41	Norwegen: Hardangervidda	14,90	91	Italien: Trans-Apennin	9,90
42	Nepal: Annapurna	9,90	92	England: Themse-Ring	9,90
43	Schottland: Speyside Way	14,90	93	Spanien: Sierra Nevada	12,90
44	Tansania: Kilimanjaro	14,90	95	Norwegen: Nordkap-Route	12,90
49	USA: Grand Canyon Trails	12,90	96	Polen: Czarna Hancza/Biebrza-Kanu	9,90
50	Kanada: Rocky Mount. Tageswand.	12,90	98	Wales: Offa's Dyke Path	12,90
51	Tasmanien: Overland Track	12,90	107	F: GR 5 - Genfer See - Nizza	12,90
52	Neuseeland: Fiordland	10,90	109	Mecklenb. Seenplatte Kanurundtour	9,90
53	Irland: Shannon-Erne	12,90	112	Norwegen: Telemark-Kanal	9,90
54	Südafrika: Drakensberge	10,90	113	Thüringen: Rennsteig	9,90
55	Spanien: Pyrenäenweg GR 11	12,90	114	Alpen: Dreiländerweg (CH/A/I)	9,90
56	Polen: Kanutouren in Pommern	12,90	115	Tschechien: Freundschaftsweg	12,90
57	Kanada: Great Divide Trails	12,90	116	Spanien: Jakobsweg - Vía de la Plata	14,90
59	Kanada: Wood Buffalo NP (Kanu)	9,90	117	Schweiz: Jakobsweg	12,90
60	Kanada: Chilkoot Trail	9,90	118	Rund Australien	14,90
61	Kanada: Rocky Mountains-Radt.	10,90	119	Schwäb. Alb: Hauptwanderweg	12,90
62	Irland: Kerry Way	12,90	121	Italien: Dolomiten-Rundweg	9,90
63	Schweden: Dalsland-Kanal	12,90	122	D/CH: Schwarzwald-Jura-Weg	9,90
64	England: Pennine Way	12,90	127	Uganda: Ruwenzori	14,90
66	Alaska Highway	12,90	128	Frankreich: Jakobsweg GR 65	14,90
67	Kanada: Rocky Mountains Rundtour	16,90	132	Dem Kommissar auf der Spur	12,90
71	Nordsp.: Jakobsweg-Küstenweg	14,90	133	NRW: Natur und KulTour (per Rad)	12,90
74	Nordirland: Coastal Ulster Way	10,90	134	Mecklenburg- Vorpommern per Rad	9,90

Band	€
135 Rund Schleswig - Holstein per Rad	9,90
136 Schweiz: Matterhorn - Tour du Cervin	9,90
137 Grönland: Arctic Circle Trail	12,90
139 Belgien: Jakobsweg - Via Mosana	9,90
140 Italien: Alpiner Wanderweg Friaul	12,90
141 Nordspanien: Jakobsweg Alternativr.	12,90
142 D: Jakobsweg Tillyschanz-Konstanz	9,90
144 Kanada: East Coast Trail	9,90
145 Dänemark: Bornholm z. Fuß u.p. Rad	9,90
146 Tschechien: Isergebirge	12,90
147 NRW: Jakobsweg	12,90
149 Nordsp.: Jakobsweg durch den Tunnel v. San Adrián	9,90
150 England: Cleveland Way	9,90
151 Kirgistan: Trekking im Tienschan	12,90
152 Nepal: Langtang, Gosainkund u. Helambu	12,90
154 Deutschland: Rothaarsteig	9,90
155 D: Jakobweg von Darmstadt und Aschaffenburg nach Freiburg	12,90
156 Südafrika: Wild Coast Trail	12,90
157 Österreich: Jakobsweg	14,90
159 Sächsische Schweiz: Trekkingtour	9,90
160 BB: Wochenendtouren rund um Berlin	9,90
161 Italien: Ligurischer Höhenweg	12,90
162 Frankr.: Jakobsweg - Via Tolosana	12,90
163 Harz: Hexenstieg	9,90
164 Teutoburger Wald: Hermannsweg	9,90
166 Frankreich: Jakobsweg Via Lemovicensis	12,90
167 NL: Nordseeküstenradweg	12,90
168 Bulgarien: Rila- u. Piringebirge	12,90
169 Dänemark: Nordseeküstenradweg	12,90
171 Türkei: Lykischer Weg	9,90
172 Skandinavien: Nordkalottleden	12,90
173 Russland: Flusskreuzfahrt	14,90

Band	€
174 England: Hadrian's Wall Path	9,90
175 Schweiz: Bärentrek	9,90
177 Frankreich: Wandern im Vercors	9,90
178 Mit dem Rad von Hamburg durch d. südliche Schleswig-Holstein	9,90
179 Dänemark: Ostseeküstenradweg	9,90
180 Deutschland: Nordseeküstenradweg	12,90
183 Österreich: Bregenzerwald-Lechquellengebirge Rundweg	9,90
185 Portugal/Spanien: Jakobsweg Caminho Português	14,90
186 Italien: Franziskaner Wanderweg	9,90
187 Jakobsweg: München - Bregenz	12,90
188 Jakobsweg: Augsburg - Bregenz	12,90
189 BB: Pilgerweg Berlin - Wilsnack	9,90
190 Schottland: Central Highlands & Cairngorms National Park	12,90
192 Rund um Island	14,90
194 Deutschland Frankreich: Jakobsweg Trier - Vézelay	14,90
195 I: Sentiero Italia Trans Sardinien	14,90
196 Kenia: Mount Kenya	14,90
200 S-H: Wikinger-Friesen-Weg	9,90
201 Schweiz Italien: Via Francigena	14,90
202 Hessen: Kellerwaldsteig	9,90
208 Deutschland: Benediktweg	9,90
212 Kanarische Inseln: Wanderungen auf La Gomera	16,90
217 Nepal: Mount Everest Trek	9,90
218 NRW: 5 am Tag-Marathonroute	7,90
219 D: Uplandsteig - Diemelsteig	9,90
221 Griechenland: E4 Peloponnes	12,90
224 Österreich: Wallfahrten n. Mariazell	14,90

OutdoorHandbücher - Fernweh-Schmöker

Band		€
46	Blockhüttentagebuch	12,90
47	Floßfahrt nach Alaska	10,90
75	Auf nach Down Under	7,90
105	Südsee-Trauminsel	9,90
110	Huskygesang-Hundeschlittenfahrt	7,90
111	Liebe - Schnaps - Tod	7,90
123	Pacific Crest Trail	9,90
124	Zwei Greenhorns in Alaska	6,90
125	Auf dem Weg zu Jakob	12,90
126	Kilimanjaro-Lesebuch	8,90
130	1.000 Tage Wohnmobil	14,90
153	Jakobsweg - Lesebuch	7,90
158	Inselfieber	9,90
182	Als Frau allein auf der Via de la Plata	7,90
193	Weites Grünes Land	8,90
205	Als Frau allein durch Afrika	16,90
206	Nach Norden Kinder!	12,90
215	Kleine Familie auf großer Fahrt	9,90
222	Im Rolli zu den schönsten Inseln	9,90

ReiseHandbücher

Antarktis	24,90
Grönland	14,90
Iran	22,90
Kiel	12,90
Kiel von oben - Luftbildband	9,90
Kurs Nord	24,90
Rumänien	14,90
Schweiz	18,90
Sibirien	22,90
Spitzbergen-Handbuch	24,90
Tansania Sansibar	24,90

Fremdsprech

Band		€
1	Oh, dieses Dänisch	4,90
2	Oh, dieses Schwedisch	4,90
3	Oh, dieses Spanisch	4,90
4	Oh, dieses Englisch	4,90
5	Oh, dieses Französisch	4,90
6	Oh, dieses Russisch	4,90
7	Oh, dieses Norwegisch	4,90
8	Oh, dieses Niederländisch	4,90
9	Oh, dieses Chinesisch	4,90
12	Oh, dieses Schweizerdeutsch	4,90

Conrad Stein Verlag GmbH
☏ 02384/963912 FAX 963913
www.conrad-stein-verlag.de
info@conrad-stein-verlag.de